美民文化

宋式艺术生活

邵晓峰 著

上海文艺出版社

目录

自 序 / 7

一 政治与图景 / 11

隐藏在画中的政治密码 ⋯⋯⋯ 13
女子参观外国元首画展 ⋯⋯⋯ 17
最能揣摩圣意的画家 ⋯⋯⋯ 21
书中自有黄金屋 ⋯⋯⋯ 25
宋代"美术高考"考什么 ⋯⋯⋯ 28
穿鹰爪鞋的番王 ⋯⋯⋯ 33
岳飞长相大揭秘 ⋯⋯⋯ 36

二 皇家与审美 / 43

自上而下的简朴之道 ⋯⋯⋯ 45
"兼职"的皇帝们 ⋯⋯⋯ 50
皇帝亲自担任院长和教授 ⋯⋯⋯ 54
不爱社稷迷道教 ⋯⋯⋯ 61
爱石成癖误国甚 ⋯⋯⋯ 64
确有宋徽宗的真迹吗? ⋯⋯⋯ 68
皇帝亲授的天才少年 ⋯⋯⋯ 77
画家也分三六九等 ⋯⋯⋯ 82

目录

三 文人与情怀 / 87

画家落款题跋始于北宋 …… 89
诗画相和 …… 93
宋代金石学到底有多热 …… 100
欧阳修的非非堂 …… 104
苏东坡长什么样子？ …… 108
文人画的奠基者 …… 119
米家有只书画船 …… 129
蚕织图里看民生 …… 134
西园雅集千古传 …… 140

四 主题与技法 / 147

光耀画史的大师们 …… 149
山水画的"四可"标准 …… 160
另一视角看《清明上河图》 …… 164
诗是无形画，画是有形诗 …… 169
最早西湖写生图 …… 172
别有深意的《梅花喜神谱》 …… 177
堪比CAD的建筑工程图 …… 180
窑变里的宇宙气象 …… 186

目录

五　世俗与气象 / 191

以虔敬之心营造极乐世界　193
花草树木皆入佛　197
夜市开到凌晨一点　209
新年文官当门神　218
郎中的身后理想国　223
杂剧表演抓拍　226
人见人爱婴戏图　229
骷髅幻戏悟人生　233

六　家具与起居 / 237

不再席地而坐　239
宋代的每一把椅子　244
凳和墩开始流行　252
桌、案、几，实用与艺术的结合　256
屏中另有一番天地　263
土豪们的"金棱七宝装"　269

七　收藏与传播 / 273

庙堂江湖好收藏　275
鉴藏名著何其多　281
绘画交易市场高度繁荣　286
欣欣向荣的印刷业　291

自序

邵晓峰

宋代的人文文化十分昌盛，因此也是中外许多著名人士向往的时代。在高度繁荣的文化背景之下，宋代实现了文官制度、纸币流通、起居方式、理学、宋词、书画题跋等一系列政治、经济、文化、艺术的创造或转折。中华民族的四大发明——造纸术、火药、活字印刷和指南针是人类科技文明的重要组成部分，后三者的应用、完善均是在宋代实现的。故而，陈寅恪先生在《＜宋史职官志考正＞序》中说："华夏民族之文化，历数千载之演进，造极于赵宋之世。后渐衰微，终必复振。"钱锺书先生在《宋代文学的承先和启后》中说："在中国文化史上有几个时代一向是相提并论的，文学就说'唐宋'，绘画就说'宋元'，学术思想就说'汉宋'——都数得到宋代。"

在这一时期，国家给予文人特别优厚的待遇，这是前所未有的。大批的文人开始有机会、有能力、有兴趣、有时间、有规划地从事艺术品的收藏、研究与传播，向上影响到皇帝、贵族，向下影响到广大民间，这些奠定了宋式艺术生活的基础。

本书以50篇文章构成7个篇章：政治与图景、皇家与审美、文人与情怀、主题与技艺、世俗与气象、家具与起居、收藏与传播，从这些独特的视角展现宋式艺术生活的多姿多彩、活色生香。笔者结合在系统研究宋代图像中发现的一系列新视域、新手法、新材料，尝试从小处着眼，从易被忽视的细节入手，抽丝剥茧，层层解读，以通俗的语言阐释图像背后隐藏的大问题、大事件，探索性地还原历史原境。还将一些生动活泼的内容单列出来，有机梳理成有意味的线索，探讨优雅情趣与精致生活的关系，并将其中的一些事物建立起与当今的联系。

譬如，中国人起居方式的重大转折（由席地而坐转向垂足而坐）是在宋代完成的（而非在唐代），这与宋代文人的哲学思想、艺术观念以及建筑、家具工艺技术的发展密不可分。再如，从北宋开始，艺术家开始在画上题写姓名与时间，或让他人题跋，这种艺术上的跨界开拓有重要的社会传播意义。

宋式艺术生活还有一系列创举。这一时期出现了以文官形象充当门神的新样式，人们还给新门神起了一个的别称——"门丞"，可谓民俗生活创举，也说明宋代文人地位的提高。南宋宋伯仁《梅花喜神谱》的刻印是出版发行的创举，它不但是最早出版的木刻图谱，也是第一部私人编刻的梅花画谱。此谱之所以与"爱君忧国""措天下于泰山之安"等思想发生关联，是由宋代文人独特的心境决定的。宋代文人还深切地关心民生，南宋《蚕织图》是民生图像的创举，由其可见南宋浙东蚕织户由"腊月浴蚕"开始到"下机入箱"为止的二十四段蚕织程序，所绘的蚕桑丝绸生产工艺完善、设备先进，古代蚕桑丝绸生产技术至此已定型。

生活万象，相由心生，对宋代画像的研究也有较多颇具趣味的发现。例如，对苏轼长相的图像学深度考证，有助于我们理解历史文献中的图文互证，并获得新的认知；对南宋马麟《伏羲坐像》与《宋理宗画像》的综合比较研究，能发现这位画家最善于揣摩圣意；笔者还将南宋刘松年《中兴四将图》结合南薰殿旧藏《历代名臣像·岳飞像》一并研究，推测乾隆皇帝出于一定的考虑而故意将刘、岳二人画像的人名题反。

就别样的政治生活而言，我们通过分析北宋《景德四图·契丹使朝聘》中被画得非常矮小、完全靠边站的三位契丹使者，可形象地阐释北宋"轻视强敌"、一味粉饰太平而脱离实际的"大国情结"；再研究北宋张择端《清明上河图》中武备懈怠的守城兵士，衣衫褴褛的穷人、乞丐，街上乱跑觅食的群猪，郊外的破旧农舍，可理解画家深沉的劝诫创作观，这实质上是一种针对蔡京"丰亨豫大"说的"画谏"。

本书既有别于正史，也不同于流行的宋代艺术史、美术史、工艺美术史以及民俗史，而是主要以小中见大的叙事形式，以可读性、趣味性、揭秘性，通过新观点、新路径、新论证，轻松解读宋代艺术与生活的关系，多层次、多角度、多元化地理解二者之美，令读者兴趣盎然地发现"艺术使生活更美好"。

直到今天，宋式艺术生活中的许多文化精粹仍受到不同年龄段人群的关注，不断发生共鸣、同振。传统文化只有深度地融入当代生活，才能得到更好的传承。在世界文化高度融合的今天，这对于弘扬中国优秀传统文化，促进其创造性转化与创新性发展，让文化经典之光照亮大众生活，具有新时代的积极意义。

一

政治与图景

隐藏在画中的政治密码

◆ 微妙天平的两端——契丹与大宋

纵观中国各个朝代，展示当时政治场景的作品不在少数，在宋代图像中，亦有时政画。譬如，北宋佚名《景德四图》就是北宋真宗年间的时政画，这一画卷全卷纵33.1厘米，横252.6厘米，藏于台北故宫博物院。共四段，分为《契丹使朝聘》《北寨宴射》《舆驾观汴涨》《太清观书》。其形式是先绘图，后辅以文字。

第一段《契丹使朝聘》采用的"右图左史"的绘图叙事形式，画上写有楷书榜题"契丹使朝聘"，幅后附文记史，记录了宋真宗

北宋佚名《景德四图》第一段《契丹使朝聘》，全卷纵33.1厘米，横252.6厘米，台北故宫博物院藏

景德元年（1004）与"澶渊之盟"有关的一段历史。这年八月，辽国大举南侵，其势猛烈。在宰相寇准等人的力主之下，宋真宗亲往澶州（今河南濮阳）前线督师。宋军士气大增，威虎军头张瑰使用床子弩，弩撼机发，射杀了辽军主将萧挞凛，使辽师大败，辽国这才表示愿意与宋朝议和，从而结束了宋辽之间连续数十年的战争。

◆ 画里藏玄机，尽在不言中

《契丹使朝聘》描摹了宋真宗景德元年十二月契丹使来祝贺真宗生日的仪式盛况，契丹送来的礼物有十二袭御衣、马匹、弓箭、契丹新罗酒、青白盐等。

仪式庄严肃穆，在殿庭内现场陈列了10件长方形帷幔案，上面陈设的应是辽使贺礼。右侧两件帷幔案上各陈设十尊酒瓶，但是酒瓶仅见三分之二瓶身，其三分之一的底部埋于案面之下，这种陈设酒瓶的家具形式在宣化辽墓壁画之中也可见到。左侧案上的金铤或银铤下面的黑色部分应该是衬褥，以显示金银上乘的质地，如今的珠宝店也使用这种衬托法，多用黑色绒布来衬托珠宝。

《契丹使朝聘》反映的地点可能是北宋皇宫的正殿崇德殿，该殿坐北朝南，包括殿门、殿庭、正殿与边廊。画面左下方露出屋顶的建筑是崇德殿的殿门，其北面人员与贺礼的聚集之处是殿庭。正殿由两组台阶——东阶与西阶而上，殿里有几位官员侍立，他们头戴长硬翅幞头，身着红色宽大袍服，手持笏板，面对正殿中部楹柱间被垂帘遮挡之处躬身示礼，这里也许就是皇帝的御座所在。殿中另有四位面白无须、头戴展角幞头、着窄袖服装、拱手肃立的人，应该是皇帝身边的内侍，负责传达皇令。

画家用垂帘的方式来避免画出皇帝本人，用心很巧妙：一方面是因为皇帝不可以被随意刻画，《景德四图》的四段画面均没有画出宋真宗，但是其塑造的氛围却让观者感知了皇帝的存在；另一方

《契丹使朝聘》左下角描绘的三位契丹使

面观者也可以进一步加以想象，这个场景应该是等着皇帝出现的程序需要——皇帝马上就要升座，帘子即将卷起，皇帝露出龙颜之后，将接受百官、使臣的朝拜行礼。

画面上的殿庭中，东阶的东南方，有两名大臣持笏而立。在辽使贺礼的南面，站立着两列等待朝拜皇帝的大臣，殿庭西侧站立着16名牵马的天武官。契丹使的礼物与大臣们被画在同一场景中，深有立意：既表达了契丹使朝聘的主题，也是为了体现臣僚观看契丹进奉礼物，突出外夷来朝献礼的外交内涵与政治用意。

值得玩味的是，在《景德四图·契丹使朝聘》这一图像之中，殿庭中作为朝聘礼仪主角的三位契丹使被画得身材十分矮小，无冠帽，脑后垂下发辫，拱手肃立，排在两列大臣之后等待朝拜，位于画面的左下角。观者如不细看，也许都找不到他们在哪里。在整个画面中，殿庭中陈设的礼物十分突出，而前来朝贺的使节竟然隐于众人之后，且被极力弱化。这种图像的对比性场景值得分析，毕竟图像中的不真实并不能掩盖历史的真实。

15

✦ 看向时政画创作的背后

当时的朝廷之所以授意画家创作这样的图像，也许一方面是为了彰显宋朝国威，给予宋朝皇权正面的评价；另一方面用来隐喻"澶渊之盟"并非屈辱，而是对宋朝具有积极意义。

然而，当时的客观现实却是，北方的辽国依然十分强大，就在契丹使朝聘的四个月之前，辽国萧太后率领大军南侵，若非宰相寇准极力阻拦，心惊胆战的宋真宗差一点就要举国迁都，以避其锋芒。幸运的是，"澶渊之盟"为宋朝争得了颜面，体现在盟约中的三点：

一、辽宋为兄弟之国，因辽圣宗年幼，故称宋真宗为兄。

二、以白沟河为国界，双方撤兵。辽归还宋遂城及涿、瀛、莫三州。此后凡有越界盗贼逃犯，彼此不得停匿。两朝沿边城池，一切如常，不得创筑城隍。

三、双方于边境设置榷场，开展互市贸易。

然而，这种"颜面"的获得是以辽宋的实际不平等条约为代价的，即宋朝每年向辽提供"助军旅之费"银十万两，绢二十万匹，至雄州交割。正是因为辽强宋弱，虽然那时的军事形势对宋朝是有利的，但是仍缔结了这样的不平等条约。而宋太祖、宋太宗所渴望的燕云十六州此后再也未能收回。历史常识也告诉我们，就之后辽宋两国之间的礼尚往来而言，一般是契丹进贡得少，宋朝回聘得多。

但是，在反映当时的时政图像之中，宋朝的御用画家在当权者的安排之下，使用了轻视强敌的手法来粉饰太平，真宗时期北宋王朝的"大国情结"可见一斑。尽管如此，对北宋略具耻辱性的"澶渊之盟"缔结后，宋辽百余年间不再有大规模的战事，和平的环境促进了两国之间的贸易交流与民族融合，有利于两国国计民生的恢复与发展。

女子参观外国元首画展

在中国美术史上,与浩浩荡荡的男画家队伍相比,女画家非常稀少,而女观众能参观画展就更为稀罕了。不过,在宋代,确实发生了这样一件稀罕事,而且女同胞们看的还是外国元首的画展。此事与太清楼这座北宋皇家图书馆相关。

◆ 皇宫内的图书馆

太清楼位于北宋皇宫崇政殿的西北,在迎阳门内的后苑中。此楼作为皇宫后苑主要的藏书楼,贮四库之书,包含经、史、子、集、天文、图画等。其形象见于台北故宫博物院所藏北宋佚名《景德四图》中的第四段《太清观书》。北宋真宗景德四年(1007)三月,宋真宗召文臣观书于皇家图书馆——太清楼。《太清观书》描绘的重点就是太清楼,这一建筑为七开间,屋脊的鸱尾尚存唐代遗风,斗拱的造型较为朴素,使得这座建筑简练有力,大方疏朗。地上铺设散水砖,藏书楼入口由两组台阶而上,四周均设有栏杆。楼前有太湖石,楼的两侧均种植高大的柳树,环境较为雅致。图中的大臣们有些已进入殿内读书,有些则立于庭中。在画法上,《太清观书》界画线条劲道,用笔虽细致,但不刻板,设色沉稳。

关于太清楼的建造,宋李焘《续资治通鉴长编》、南宋王应麟《玉海》、清代徐松《宋会要辑稿》等文献均有记载。譬如,《续资治

北宋佚名《景德四图》第四段《太清观书》，绢本设色，全卷纵33.1厘米，横252.6厘米，台北故宫博物院藏

通鉴长编》卷二十"太平兴国四年（979）八月"条记载"太清楼"。《续资治通鉴长编》卷三"建隆三年五月"条记载："是月，始大治宫阙、仿西京之制，命韩重赟董其役。"《玉海》卷一六四"咸平太清楼"条记载："建隆三年（962）五月戊午，重修东京大内。崇政殿西北迎阳门内有后苑，苑有太清楼、走马楼，与延春、仪凤、翔鸾阁相接。"《宋会要辑稿·方域》记载："（西京洛阳禁中）明福门内曰天福殿门，门内天福殿，唐曰崇勋，后唐曰中兴，晋改今名。其次太清楼，后唐曰绛霄。太平兴国三年（978）改寝殿曰太清。"由这些历史文献材料可知，太清楼是据原西京太清楼而建造起来的，建成于宋太宗太平兴国年间。

太清楼作为专为皇帝设置的藏书、读书之所，自真宗时起，也是各帝与宗室、辅臣宴饮欢娱，并一起观书、阅览太宗御制墨迹之地，《玉海》对此多有记载。在"澶渊之盟"中发挥重要作用的一代名相寇准（961-1023）曾有幸登上太清楼观书，并作《应制太清楼观书》诗，曰："仙禁开书府，神毫纪格言。简编包舜禹，围范总乾坤。稽古崇契教，斯文辟圣门。从游观奥秘，何以报宸恩。"太清楼所藏图书数量甚众，《玉海》卷二十七《祥符太清楼观书》中有诗云："巍巍太清，璇题耀日。"《宋会要辑稿·崇儒》记载："真宗咸平二年闰三月，诏三馆写四部书一本来上，当置禁中太清楼，以便观览。崇文院言，'先准诏写四部书一本，以备藏于太清楼。今未校者仅二万卷。'"北宋灭亡，随着东京的陷落和皇宫被毁，就再也不见有关这座藏书楼的记载了。

◆ 高规格皇家画展

北宋十分重要的艺术文献——郭若虚《图画见闻志》卷六《千角鹿图》条中有对太清楼的一段记载："皇朝与大辽国驰礼，于今仅七十载，继好息民之美，旷古未有。庆历中，其主（号兴宗）以五幅缣画《千角鹿图》为献，旁题'年、月、日御画'。上命张图于太清楼下，召近臣纵观，次日又敕中闱宣命妇观之，毕，藏于天章阁。"

这一记载表述的是，辽宋修好70年，到了宋仁宗庆历（1041—1048）年间，辽兴宗亲自画了5幅缣画《千角鹿图》献给宋仁宗。《千角鹿图》可能是异于汉人画风的《秋林群鹿图》和《丹枫呦鹿图》这一类的绢画。由于其画面旁题了辽兴宗的'年、月、日御画'，因此还是具有可信度的。辽兴宗耶律宗真是辽国的第七位皇帝，1031年—1055年在位。他的文化素养较高，工诗词，善丹青，常与宋朝皇帝以书画相赠，俨然有中原帝王之风。他曾以所画鹅、鹰、鹿送于宋朝，点缀精妙，宛乎逼真。然而，作为皇帝的辽兴宗是否真的有精力去创作《千角鹿图》这样的5幅工笔画就不得而知了，因为即使像宋徽宗这样的著名画家皇帝也有许多所谓的"御题画"并非自己所画。

宋仁宗龙颜大悦，命令将辽兴宗的这些画展示于太清楼下，召来近臣参观，第二日又命享有朝廷封号的妇女前来参观画展。这一号令大臣、命妇皆来接受审美教育的国家举措堪称前所未有，成为中外美术展览史上的首创。当然，毋庸置疑，其间宋仁宗以此炫耀的成分更大，因为辽兴宗不但主动接受中原大国的文化洗礼，还将自己的5幅亲笔画"献"给宋仁宗，仁宗当然要好好展示并宣传一下。画展结束之后，宋仁宗将这些画藏于天章阁，并作飞白书答谢辽兴宗。从此，宋仁宗与辽兴宗互赠书画，宋仁宗召集大臣、命妇观画的故事在画史上传为美谈。

最能揣摩圣意的画家

宫廷画家的存在赋予了宋代绘画的政治色彩，一些具有特殊象征性的实例通过笔墨在其创作中出现。南宋画院画家马麟便是这样一位善于揣摩圣意的画家，其所画的《伏羲坐像》可谓煞费苦心。

◆ 宫廷画家的立身之道

马麟（约活动于1195—1264年之间）祖籍为山西河中（今山西永济），后迁居浙江钱塘。马氏家族为宋代宫廷画家，父亲为马远。南宋宁宗嘉泰（1201—1204）年间，马麟任画院祗候一职，颇得宁宗赵扩、皇后杨氏的称赏。杨皇后常在马麟画上题句，如在《层叠冰绡图》中题诗："浑如冷蝶宿花房，拥抱檀心忆旧香。开到寒梢尤可爱，此般必是汉宫妆。"

《伏羲坐像》这幅巨幅绢画表现伏羲散发披鹿皮赤足坐在岩石上，足下有乌龟与八卦。图中人物造型自然，笔墨生动。伏羲面庞宽厚，双目有神，颌下黑须飘洒，神采奕奕。画石的笔法则较为粗犷，运用的是马家典型的斧劈皴。图像的上部有宋理宗所书叙传。马麟在画面右下角以小字恭敬地题款"臣马麟画"。

马麟绘制此像是在独特历史背景之下完成的。1225年，南宋理宗赵昀（1205—1264）被权相史弥远拥立为帝，成为南宋第五位皇帝。宋理宗继位后的十年里，都在史弥远的挟制之下，无法过问政务，

宋式艺术生活

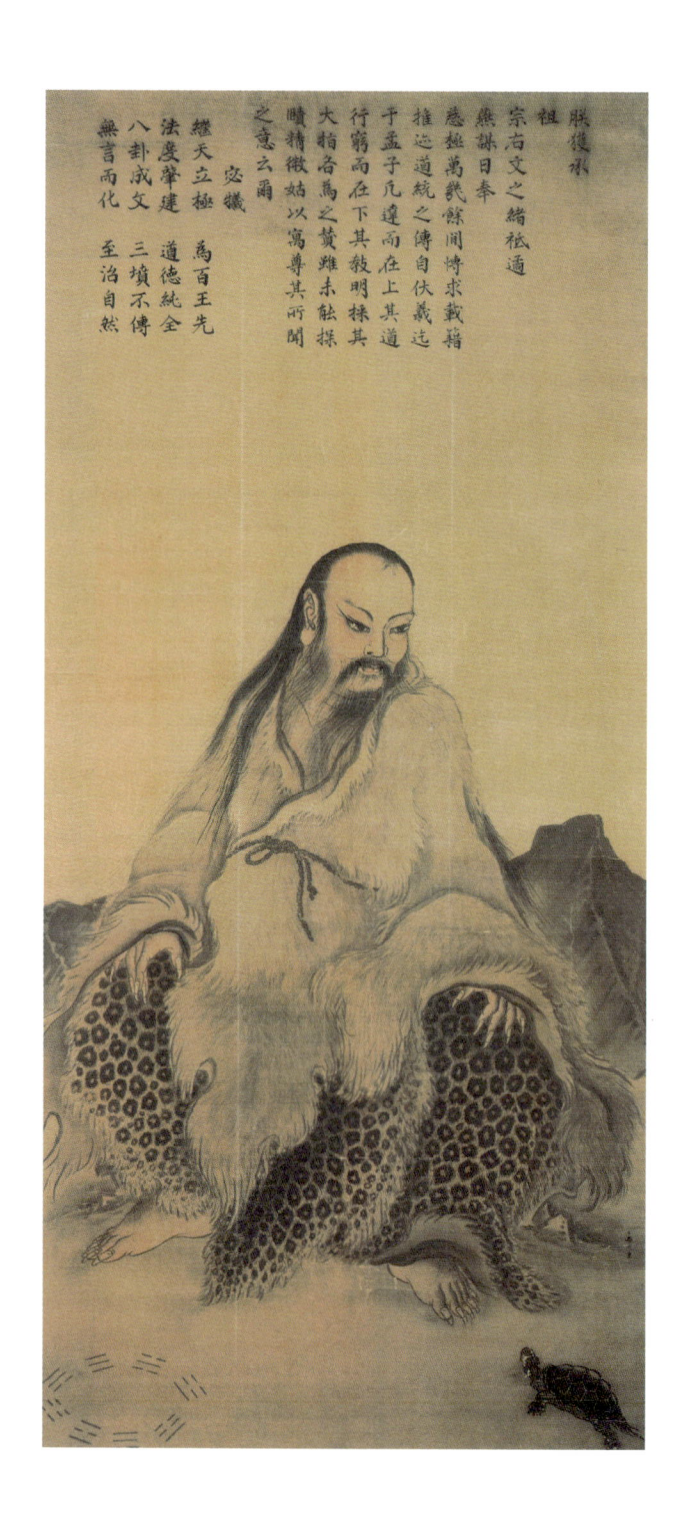

南宋马麟《伏羲坐像》，绢本设色，纵249.8厘米，横112厘米，台北故宫博物院藏

只能听任史弥远弄国,南宋国势不振。1233年,史弥远死,宋理宗才开始亲政,并立志中兴,采取一系列改革措施,史称"端平更化"。1241年,宋理宗到太学作《道统十三赞》。此文赞的是伏羲等十三位一脉相传的圣人帝君,伏羲是第一位。宋理宗将《道统十三赞》赐给国子监,成为治国理念,并命画家马麟根据内容进行绘制。当时共绘有13幅画像,但今仅存5幅,即伏羲、唐尧、夏禹、商汤和周武王的画像,它们也是后来的清代乾隆时期南薰殿旧藏《南薰殿图像》中唯一写有明确图像作者的作品。

◆ 画得像不如画得妙

伏羲是传说中的人物,又称庖牺,是中国古籍中记载的最早的王,是中国医药鼻祖之一。相传伏羲人首蛇身,与女娲兄妹相婚,生儿育女。他根据天地万物的变化,发明八卦,创造文字。他结绳为网,教会人们渔猎之法。他还发明瑟,创作曲子。"三皇五帝"是古代传说中的中华民族的人文始祖,其世系位序的排列在春秋战国到秦汉时期得到确立。在"三皇五帝"的多种说法中,伏羲均位居"三皇之首"。《左传》《管子》《周易》《庄子》《国语》等先秦典籍都有关于伏羲的记述。司马迁在《史记·太史公自序》中说:"余闻之先人曰,'伏羲至纯厚,作《易》八卦。'"以正史记载肯定了伏羲的历史地位。

伏羲在历代的形象均是人们想象出来的。值得关注的是,马麟

《宋代帝后像·宋理宗像》,绢本设色,纵189厘米,横108.5厘米,台北故宫博物院藏

《伏羲坐像》与《宋理宗画像》的面部比较图

创造出来的《伏羲坐像》与流传至今《南薰殿图像》中的《宋理宗像》在相貌上较为相似，面庞、眼睛、鼻子、嘴巴如出一辙。据元代刘一清撰《钱塘遗事》卷五《理宗政迹》所载理宗的相貌是："龙颜隆准，临朝坐辇，端严若神。"又说"姿貌庞厚"。马麟以理宗形象为基础来创作伏羲像，显而易见，这是为了将理宗的相貌进行神格化。由此可见，马麟不但画艺高超，还十分善于揣摩皇帝心思，堪称史上最能揣摩圣意的画家。既然宋理宗在其所作的《道统十三赞》将伏羲赞为位居第一的圣人帝君，并使其成为治国理念，那么，这种在精神相貌上的传承，在宋人看来也是十分重要的。

因此，《伏羲坐像》虽然在基本特征上属于写实性图像，但是由于与《宋理宗像》的密切关联，故而《伏羲坐像》又具有了象征性特征，即象征宋理宗是道统的传人，他的即位是正统，当皇帝是天命所归。

书中自有黄金屋

✦ 最著名的劝学诗

作为我国历史上文化灿烂的时代,宋代也是文人艺术昌盛的时期,对后世影响深远,这是因为多数宋代统治者深知文化的重要性。被后人广为引用的"书中自有黄金屋,书中自有颜如玉"即出于宋真宗赵恒的《劝学诗》,该诗全文如下:

> 富家不用买良田,书中自有千钟粟;
> 安居不用架高堂,书中自有黄金屋;
> 出门莫恨无人随,书中车马多如簇;
> 娶妻莫恨无良媒,书中自有颜如玉;
> 男儿若遂平生志,六经勤向窗前读。

这首《劝学诗》目的在于鼓励读书人读书科举,参政治国,使得宋朝能够广招贤士治理好天下。在诗歌形式上,语言通俗易懂,说理明确形象,百姓一看就懂。宋代之所以文人辈出,就一定程度而言,这首诗是功不可没的。在这种背景下,宋代皇室中也出了不少文人、书画高手。千百年以来,中国人以勤奋读书为首业,这首诗也可以说是影响深远的。

宋式艺术生活

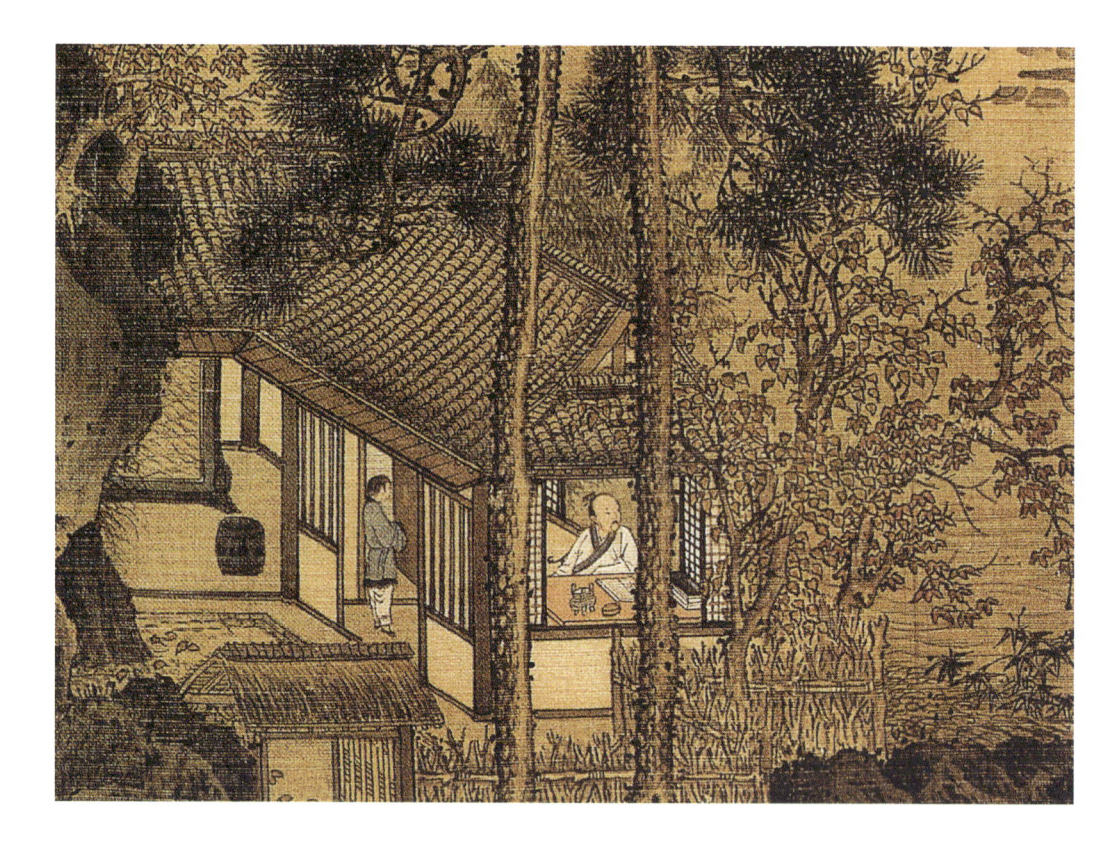

南宋刘松年《秋窗读易图》局部，纸本设色，全卷纵26厘米，横26厘米，辽宁省博物馆藏

✦ 朝为田舍郎，暮登天子堂

宋朝对文人的礼遇既超越前代，又足为后世楷模。据宋代科举制度研究专家张希清先生在《北宋贡举登科人数考》一文中统计，北宋共开科69次，取进士19281人，其他诸科16331人，包括特奏名及史料缺载者，取士总数约为61000人，平均每年约360人，而唐代每年才20—30人，最多的开元天宝年间也才60余人，有限的名额中还有一部分为权贵占夺，公平竞争很难实现。到了中晚唐，这种情况愈加明显。下层读书人，仕途无路，投靠无门，生活凄苦，甚至有的客死他乡。

宋代则在很大程度上改善了以上这种不合理情况，通过增设封弥、糊名、誊录等相关制度，尽量实现机会均等而使文人公平竞争。如此一来，参加科举的人数剧增，977年，参加省试的有0.52万名，983年有1.02万名，992年有1.73万名。而唐代最多的时候是唐宣宗大中年间（847-860），不过0.3万人左右。正是由于统治阶级的扶持，庶族求仕的积极性空前高涨，布衣入仕的人数与比例大增。例如，宋代名相中，赵普、寇准、范仲淹和王安石等人均出于寒门，但他们这一类人却成为宋代文官政府的核心力量。

政治地位与待遇的提高，使得广大文人争相报效朝廷与社会，从而在文化艺术上促进推动宋代达到了繁荣昌盛的局面。1962年，钱锺书先生在《宋代文学的承先和启后》中说："在中国文化史上有几个朝代是一向相提并论的：文学就说'唐宋'，绘画就说'宋元'，学术思想就说'汉宋'——都得数到宋代。"对于中国的文学、绘画以及学术思想的讨论，均离不开宋代。另外，宋代的书法、绘画以及文人画理论也取得了巨大的成就。

宋代"美术高考"考什么

◆ 世界上最早的"官办美术院校"

宋朝十分关注图画人才的培养。宋徽宗崇宁三年（1104），于画院之外开设了一个专门的美术教育机构——画学，纳入国子监体系，设馆招生，入学后按身份分为"士流""杂流"培养。这可谓目前所知世界上最早的正规"官办美术院校"，赵佶自任校长，还请来一些大书画家任教，如米芾曾任画学博士。宋代原先只有太学才设"博士"，"博士"是在这一机构任教老师的职称之一。

画学分佛道、人物、山水、鸟兽、花竹、屋木六科，根据学员的不同情况加以分科，教学中还设置训诂小学以及习经的固定课程，提升画家的基本文化素质。在徽宗赵佶看来，画之所以能成为"学"，学好绘画当然不能仅学技能，还需通过学习其他文化知识来全面提高画者的学识修养。

大观四年（1110），画学被转入翰林图画局管辖。据《宋史·选举志》载："大观四年以算学生归之太史局，并书学生入翰林书艺局，画学生入翰林图画局。"也就是说，从大观四年（1110）开始，把算、医、书、画各学从太学中分出来，归于各自对口的系统进行管理。其中的书学并入翰林书艺局，画学并入翰林图画局，由画院进行教育与培养。

◆ 文学进入绘画

在徽宗朝，绘画也正式纳入科举考试中，根据成绩授予官职，以招揽天下画家，培养绘画创作人才。

画学的考试制度"以不仿前人，而物之情态、形色俱若自然"，提倡"笔韵高简"，反映了这一时期与精丽繁复的唐代画风迥然不同的观念。考试除了诗文论策之外，还出题命画，其题目多为古代典故以及古人诗句，使文学进入了宋代绘画，这对绘画的内容与意境发挥了导向作用。宋画多求诗意，讲究以少胜多，促进了文学内涵融入中国绘画。

据明代唐志契《绘事微言》记载，宋徽宗屡用唐人诗句对画工进行考试，让考生根据诗句来构思，成为颇具特色的国家级"美术高考"形式。以下试举几例：

其一，以"竹锁桥边卖酒家"为题。考生们多在酒家上下工夫，只有李唐画桥头竹林外挂一酒帘，深得"锁"意。宋徽宗亲自阅卷，爱其构思，于是李唐遂以第一名的成绩被录入画院。

其二，以"踏花归去马蹄香"为题。众人多画马、画花，甚至画一匹马踏着花丛飞奔而去，只有一位考生画数只蝴蝶飞逐于马后，把一个"香"字点了出来，使人产生联想。徽宗以其能理解诗意，喜之。

其三，以"野水无人渡，孤舟尽自横"为题。考生一般都画一只船泊于岸边，船舷间站着一只鹭鸶或船篷上停着一只乌鸦，以表

宋文同《墨竹图》，绢本墨笔，纵131.6厘米，横105.4厘米，台北故宫博物院藏

现"孤舟自横"的"无人"之境。然而有一幅试卷作品,画小舟自横,船夫坐于船尾,独吹横笛,闲情自在。显然,这里的"无人"指的是没有渡客,此画便被选为第一。

其四,以"乱山藏古寺"为题。有的考生画山中加一庙,露出一角落,有的考生在山中画一古塔,但皆未中选。最受好评的一幅画,是画出在深山中飘出庙宇的幡竿,突出"藏"之意境。

其五,"嫩绿枝头红一点,动人春色不须多"为题。得中头榜的考生画一片绿柳丛中掩映着一处亭阁,一位佳人正在凭栏观景,把"春色"的含意做了巧妙演绎,更具一种春色无边、动人情思的意象。

其六,以"蝴蝶梦中家万里"为题。此句最难描绘,考生们只好以蝴蝶与梦为元素借题发挥。但一位叫战德淳的画家与众不同,

他的画名为《苏武牧羊假寐》，表现这位汉朝的不屈使节在异国的冰天雪地中打瞌睡，因为苏武的梦中必然是想着千里之外的故国家园，遂获魁首。

✦ 画学之才传世

宋代的画学培养了一大批优秀的画家，他们有诸多精彩的画作传世。李唐考进画院时已年近五旬，约58岁时创作了《万壑松风图》。该图在章法上突出主峰，以造成大山压人的视觉感受，北方山岭的雄壮之气扑面而来。在具体画法上，李唐灵活运用了多种皴法来表现不同的山体内容，以长钉皴、刮铁皴刻画主峰，以解索皴刻画山腰，以马牙皴刻画山脚。这些质实厚重的皴法形态反映出北宋末期山水画在继承中的嬗变，而且已经可以看出后来南宋山水中流行的大、小斧劈皴的雏形，对后世产生了深远影响。直到今天，此画依然是人们学习传统山水的重要范本。

创作此画时，李唐尚在北宋画院，老当益壮，笔力雄健。面对这幅神奇的作品，读者可以感受到画家在创作这一审美对象时涌动着的豪迈之情。该图与范宽《溪山行旅图》、郭熙《早春图》，并称为北宋山水画三大精品。

宋李唐《万壑松风图》，绢本设色，纵188.7厘米，横139.8厘米，台北故宫博物院藏

宋式艺术生活

北宋赵光辅《番王礼佛图》卷（局部），绢本设色，全卷纵28厘米，横103厘米，美国克利夫兰艺术博物馆藏

穿鹰爪鞋的番王

◆ 宗教和绘画的相逢

北宋赵光辅《番王礼佛图》卷，绢本设色，纵28厘米，横103厘米，该画绢本保存完好，图像清晰，左下角有"光辅"两个小字题款，画卷右半部分有赵孟頫等人的题跋，卷上还盖有多位收藏家的收藏印，现藏于美国克利夫兰艺术博物馆。

此图主要描绘释迦渡海约见各国国王并讲经，国王们与随从们向佛陀朝礼的场景。图中共出现了21位人物，其中佛教人物5位，番王1位，其余15位是随番王前来朝拜的各国大臣。在表现技法上属于白描双勾设色。

《番王礼佛图》给观者的第一视觉感受即该画由两大人群构成：位于右边的行礼之人和左边的佛教人士。右边的朝礼之人，番王在最前方，也最接近佛陀。番王身披红褐色袍子，头戴羚羊角帽，双手持着一件莲花造型的如意，微微向着佛陀和罗汉菩萨低头示礼。从图中看起来，这时的番王似乎褪去了平日骁勇的姿态，以一种谦逊祥和之情出现在佛陀面前。

仔细观察图像，我们还可发现赵光辅在刻画番王时有一处十分有趣、特别突出的细节，即番王的鞋尖呈鹰爪之形，而且其爪子只有一个趾头。可以推测这可能是图像作者为了突出番王的特殊地位而有意为之，也可能这是该民族特殊礼节下的穿戴，与番王头部的

《番王礼佛图》中的番王鞋子特写

特殊装饰相呼应。番王与佛陀在一起要显示出一定的谦卑，格外凸显出"礼"的主题。番王身后的15位大臣都身着各自的民族服装，双手抱拳，一同随番王向佛陀行礼。

图像的左半部分为佛陀、罗汉与天将，身着绛红色袈裟的佛陀是中心所在。佛陀神色慈祥端庄，裸露着右边上身，双手下垂，双腿跏趺坐于莲花座之上。莲花座的下面还有一件体量巨大的六边形须弥座，双座叠加，这种形制较为罕见。佛陀坐在这样的高座上，主要是为了凸显佛陀在行礼活动中的庄严。菩萨、罗汉、天将的身后画有祥云，以烘托朝礼活动的隆重气氛。

✦ 宋代佛教传播的媒介——释道画

这幅图像的作者赵光辅活动于10世纪中期—11世纪初期，生卒年不详，耀州华原（今陕西耀县）人。五代南唐时布衣，后来被招进北宋画院学习，以工笔释道画著称，其画线条流畅，形象生动，造型准确，画面厚重。

《番王礼佛图》是赵光辅人物工笔画的杰出之作，也是北宋佛教图像的代表性作品之一。这不是偶然的，赵光辅曾在许昌开元、龙兴两寺创作壁画。在开元寺所画之《五百罗汉图》"姿质风度，互有意思，坐立瞻听，皆得其妙，貌若悲觉，以动观者"。北宋刘道醇《宋朝名画评》卷一《人物门第一》评曰："光辅之画也，放而逸，约而正，形气清楚，骨格厚重，可列神品下。"

对于赵光辅的宗教图像，当时的文人就做过精要评价。譬如，北宋哲宗绍圣元年（1094），著名金石家、书画家游师雄《题赵光辅画壁》碑云："云阳（今陕西泾阳县）孟店镇西寺殿后画《自在观音》一壁，曲尽端严闲暇态度。其左有外国胡王与人从焚香状，貌极恭虔；其右有衣王者服，罄瞻礼之容，旁有衔花野兽，麋鹿虎豹各尽驯伏情状。至于竹木花卉，无不精至，南向画魔女恼佛，云雷震电，其势可怖；魔女变形，揽镜自照，遽作惊惭自失之状，尤为奇绝。然后知光辅不独工于马也。……"《题赵光辅画壁》碑今存陕西泾阳县文化馆。

游师雄在碑文中的具体措辞"外国胡王与人从焚香状，貌极恭虔"如同《番王礼佛图》中的内容。当时像赵光辅这样工于释道人物画创作的画家乐于绘制这一类的图像，以达到向世人传播宗教的作用。由此可见，北宋初期佛教图像的发展已经具备了较好的物质基础与传播载体，赵光辅《番王礼佛图》卷是北宋佛教图像兴盛的重要见证。

岳飞长相大揭秘

◆ 画卷上的武将

现藏于中国国家博物馆的《中兴四将图》，传为南宋绍熙年间画院待诏刘松年所绘，绢本设色，纵 26 厘米，横 90.6 厘米。由乾隆在画上作的榜题可知，这幅《中兴四将图》集中描绘了两宋交替之时四

位军事名将的全身立像，从右到左分别是：刘光世、韩世忠、张俊、岳飞，图中另有四位将军的亲兵。四位武将皆非戎装，而是身着长袍。

《中兴四将图》所绘线条劲健流畅，设色自然。其所刻画的四位南宋将领的比例恰当、身姿自然，或威武，或庄重，或深沉，或平静，各具特点。他们的侍者的年龄和相貌各异，但均姿态挺健、恭谨机敏。此图堪称南宋人物肖像画中的精品。

刘松年笔下的"中兴四将"，既有主战的岳飞、韩世忠，也有主和的张俊以及比较中立的刘光世，这其中就包含了当时的政治集团欲平衡两派之间关系的意图。在大敌当前、国家生死存亡的关头，朝廷需要岳飞、韩世忠这样的奋勇大将，但是在敌情有所缓解之时，那股"抑武"思潮下的讲和意图又重新泛起。就这样，当时的中兴名将之说包含了两派人物，刘松年笔下的《中兴四将图》就是在这样的政治氛围之中诞生的。

南宋刘松年《中兴四将图》卷，绢本设色，纵26厘米，横90.6厘米，中国国家博物馆藏

✦ 人物排位随政治褒贬而变

关于四将的排序，南宋最为流行的观点是"张韩刘岳"。这很可能是按照四人生前获得的最高爵位来排序的：张俊、韩世忠均官至太傅，刘光世官至太保，岳飞官至少保。南宋文人的诗词中也常提到"张韩刘岳"，南宋大儒朱熹《朱子语录》卷一百一十二记载："南渡以来，如张韩刘岳诸武臣犹是如此。"但值得关注的是，若是按照自右向左的顺序，《中兴四将图》描绘四将的排序则为"刘韩张岳"。

对于《中兴四将图》的人员排序出现与史书记载的差异，可做如下理解：

其一，刘松年在创作这幅画时，南宋朝廷的舆论已经有了转折，对刘光世、韩世忠的评价超过了张俊，因此使得刘光世排在第一，而张俊排在第三。

其二，这幅画卷在清代之前遭到毁坏，原有的朱文人名榜题被擦去。之所以被擦去，想必是藏者不愿被人知道具体的刻画对象，这是陷于具体的历史环境之中不得已而为之的举措。后来，乾隆根据理解以墨笔楷书重书榜题，呈现出自右向左排序的"刘韩张岳"。另外，乾隆还将画卷拖尾明代俞贞木于洪武二十二年（1389）所题的楷书长跋《书宋中兴四将画像后》中的"金虏"涂改为"金人"。

其三，笔者有一大胆推测，即乾隆出于一定的考虑而将刘光世、岳飞二人的画像理解反了，从而出现了张冠李戴（或故意张冠李戴）。即画卷最右边的应该是岳飞，最左边的应该是刘光世。若这样，就可恰当地理解画卷中四将排序的逻辑合理性。

由于这幅画卷尺幅较小（纵 26 厘米，横 90.6 厘米），当它被完整地展开之后，观众很容易一览无余，并会发现一个特征，即左右两组人物具有一定程度上的对称关系，因此这幅画卷可以视为一件具有对称性的图像作品。所画八人的朝向，也呈现出对称式的安排，画面平衡感很强，有一种由两边向中间凝聚的收缩力。张俊、刘光世（乾隆题作岳飞）及其侍从这四人的朝向为自身的左边（即观众的右边），而韩世忠、岳飞（乾隆题作刘光世）及其侍从这四人的朝向为自身的右边（即观众的左边）。画面最左和最右的两位侍从也很具有对称关系，他们双手都抱拳，腰间都佩带宝剑与弓箭。需要注意的是，画中的对称并不是绝对的"镜像"式的对称，只是大体上的对称。既然是对称式的，就应该按照对称式的构图原理以及人物的位置关系来理解：占据中间主位的二人是张俊、韩世忠。特别需要注意的是，南宋军中乃以右为大。中国古代等级制度对于左、右均有区分，不同朝代有所变化，一般在喜庆活动中以左为贵，在军事等活动中以右为尊。譬如，夏商周时，朝官尊左，燕饮、凶事、兵事尊右；战国时朝官尊左，军中尊右。而张俊正居于韩世忠的右手（读者看的角度是左边）方位，如此在站位上就是张俊第一，韩世忠第二。刘光世（乾隆题作岳飞）站在张俊的旁边，而岳飞（乾隆题作刘光世）站在韩世忠的旁边。这样就是刘光世（乾隆题作岳飞）第三，岳飞（乾隆题作刘光世）第四。总体顺序正好是"张韩刘岳"。

在历史文献中，就领军作战、冲锋陷阵、廉洁奉公、精忠爱国的人格魅力而言，岳飞远超刘光世。如果笔者的这一推测正确，就可更为合理地解释为何在相貌气质上，图中的岳飞（乾隆题作刘光世）远比刘光世（乾隆题作岳飞）英明神武得多。

✦ 且看岳飞的庐山真面目

对岳飞画像的解读历来都是莫衷一是。

1747年，清朝内务府库中发现一批来自前明留下的画像，这些画像以历代帝后的标准像为主，还杂以名臣圣贤画像，均描绘精致，不似民间所为。乾隆下令将这批图像统一装裱，并奉藏在修整一新的南薰殿中。

这批南薰殿旧藏《历代名臣像》中就有《岳飞像》。明朝画家

南薰殿旧藏《历代名臣像·岳飞像》

按照明朝王一级的礼仪为岳飞造的像，岳飞方脸短须，身穿明朝蟒袍，腰佩玉带，头裹儒巾，坐在交椅上持书而读，器宇轩昂，相貌堂堂，威风凛凛。这幅画像是以明代"王"的服饰来显示岳飞作为鄂王（岳飞死后62年的封号）的威仪，今天杭州岳庙中的岳飞彩塑坐像与此像较为接近，显然是受了此画的影响。

《中兴四将图》中的四将各具面貌，很有个性，非凭空想象所能画成，因此刘松年肯定选取了很多既有资料来作为参考。南宋时期，民间画师为岳飞绘制的画像已经流传甚广。而《中兴四将图》乾隆题作岳飞的却与《历代名臣像·岳飞像》形象相距甚远，究竟是怎么回事呢？

南薰殿旧藏《历代名臣像·岳飞像》与《中兴四将图》中的岳飞像比较。左：乾隆题作刘光世；中：《历代名臣像·岳飞像》；右：乾隆题作岳飞

笔者对这三幅图像的头部进行了对比。为将形象直观化，特意将《中兴四将图》中的岳飞（乾隆题作刘光世）的头像做了反向处理，使三幅图像的朝向一致。在这样的比较之下，《中兴四将图》中的岳飞（乾隆题作刘光世）像与《历代名臣像·岳飞像》呈现出四个方面的相似：

其一，就脸庞总体特征而言，《中兴四将图》中的岳飞像（乾隆题作刘光世）、《历代名臣像·岳飞像》均是圆中带方，而《中兴四将图》中的刘光世（乾隆题作岳飞）像是圆胖形的，腮往外鼓；

其二，就眉毛而言，《中兴四将图》中的岳飞像（乾隆题作刘光世）、《历代名臣像·岳飞像》均是眉角上扬，而《中兴四将图》中的刘光世像（乾隆题作岳飞）是眉角下垂；

其三，就鼻子而言，《中兴四将图》中的岳飞像（乾隆题作刘光世）、《历代名臣像·岳飞像》均是圆厚形的，而《中兴四将图》中的刘光世像（乾隆题作岳飞）是小而上翘；

其四，就耳垂而言，《中兴四将图》中的岳飞像（乾隆题作刘光世）、《历代名臣像·岳飞像》均较为宽厚，而《中兴四将图》中的刘光世像（乾隆题作岳飞）较小。

综上所述，显而易见，《历代名臣像·岳飞像》与《中兴四将图》中的岳飞像（乾隆题作刘光世）较为接近，而与《中兴四将图》中的刘光世像（乾隆题作岳飞）相差较大。

二 皇家与审美

自上而下的简朴之道

◆ 史上最简朴的皇陵

与其他王朝的统治者相比,宋代帝王们多提倡俭朴。以修建陵墓为例,历史上的许多皇帝很早就开始给自己修墓,如秦始皇十三岁、康熙八岁即位后就给自己修坟。通常是皇帝不死,皇陵工程不能竣工。这样一来,皇家陵墓之奢华可想而知。

而宋朝则规定皇帝生前不能建造陵墓,皇帝死后,仅有七个月时间建造陵墓,因此宋代皇陵之简朴在历史上是少见的,和汉唐那种以山为陵的气派无法相比。宋朝政府还颁布一系列政策来倡导俭朴。大中祥符元年(1008),真宗下诏:"宫殿苑囿,下至皇亲、臣庶第宅,勿以五彩为饰。"(《续资治通鉴长编》卷六九)天圣七年(1029),仁宗下诏:"士庶、僧道无得以朱漆饰床榻。" 天圣九年(1031),"禁京城造朱红器皿"。(《宋史》卷一五三《舆服志五》)

河南巩义北宋皇陵石刻

宋代不少名臣推崇俭朴的重要性,认为自上而下地推行简朴之道是十分必要的。譬如,一代大儒程颐就建议皇帝"服用器玩,皆须质朴,一应华巧奢丽之物,不得至于上前。要在侈靡之物不接于目"。一代文豪苏轼也认为，禁止奢侈应从后宫始，他说："臣窃以为外有不得已之二房，内有得已而不已之后宫。后宫之费，不下一敌国，金玉锦绣之工，日作而不息，朝成夕毁，务以相新，主帑之吏，日夜储其精金良帛而别异之，以待仓卒之命，其为费岂可胜计哉。今不务去此等，而欲广求利之门，臣知所得之不如所丧也。"司马光甚至认为要想上下风俗清明，仍须依赖于法律的执行，他说："内自妃嫔，外及宗戚，下至臣庶之家，敢以奢丽之物夸眩相高，及贡献赂遗以求悦媚者，亦明治其罪，而焚毁其物于四达之衢。"高锡在《劝农论》中也执此种看法，认为只有如此，"则奇伎淫巧，浮薄浇诡，业专于是者尽息矣"。

当然，虽有政府的大力提倡，但也不排除有些人，甚至包括统治者，继续沉浸于奢侈的享受而不能自拔，这另作别论。

✦ 从奢靡到简淡的审美转变

宋代文人在审美上也讲究简与淡。欧阳修与梅尧臣最先提倡"古淡"和"平淡"，欧阳修有诗曰："世好竞辛咸，古味殊淡泊。""词严意正质非俚，古味虽淡醇不薄。"梅尧臣也有诗曰："作诗无古今，唯造平淡难。""中作渊明诗，平淡可比伦。""因吟适性情，稍欲到平淡。"苏轼在艺术审美上也认为应当"发纤浓于简古，寄至味于淡泊"，这一思想在他的文人画理论中格外突出，被后人奉为楷模。宋朝偏安江南后，南宋园林凭借着优越的自然环境和文化背景，与诗词书画相结合，强调意境深长，进一步崇尚简洁疏朗的审美格调。

另一方面，简朴的观念还要归功于理学（在当时又称为道学）的影响。面对历次荣辱兴衰，宋人进入了一个理性思考的阶段。这是一个以"理"治学的时代，以程朱为代表的理学成为理性观念的象征，在宋代自然审美中留下印迹。经历了五代十国的风雨，宋代的文人进入了一个冷静思考的时代，这时候出现的理学是佛、道渗

北宋汝窑青釉洗，高 5.2 厘米，口径 16.7 厘米，底径 13.1 厘米，中国国家博物馆藏

入儒家哲学之后形成的一个新儒学。在宋代文人眼里，天地万物不只有声色之美，更关乎人生之道，人们可以从自然审美中获得理性智慧。宋代理学家程颢说："天地万物之理，无独必有对，皆自然而然，非有安排也。每中夜以思，不知手之舞之，足之蹈之也。"这种见解用于艺术创造，使当时的艺术格外崇尚自然之美，当然这也与理学家们有机汲取了以庄子为代表的道家美学思想有关。而且，宋代理学提倡的"格物致知"使宋代的文人善于对天地万物蕴含的"理"进行深入细致的观察与体悟，并使之化育宋代艺术。

◆ 简"饰"

宋代独特的政治环境所带来的以文人为核心的审美，也赋予宋代工艺美术具以典雅平正的艺术风格，其家具、陶瓷、漆器、染织多造型古雅、色彩纯净，并且内敛天真，不事雕琢，以质朴取胜，给人清淡雅致之感。

其中，以宋代瓷器的简雅之美影响最大，它既是中国瓷器长期进步的结果，也是宋代特有环境的产物。譬如，以材质低廉的器物模仿材质珍贵的器物是工艺美术史上的一般规律，但是一些宋瓷却反其道而行之，如有的瓷器在造型上就模仿竹篓等普通百姓使用的日用品，这显然是宋代文人趣味的作用，这种审美趣味甚至一直流传到今天。

和宋瓷相似，宋代漆器也朴实无华，多以生活器皿为主，简洁

南宋佚名《萧翼赚兰亭图》中的禅椅，绢本设色，全卷原图纵 26.0 厘米，横 74.4 厘米，辽宁省博物馆藏

优美，并流行单色漆，颜色以黑色居多，紫色次之，朱红色又次之，但多无纹饰。也许正是在瓷器的影响下，它去掉了多余装饰，只以匀称的造型、舒适的比例、润泽的表面产生含蓄之美。宋代之前，漆器大多讲究彩绘、镶嵌与雕饰；到了宋代，漆器风格一转，以讲究线形与比例的素器取胜。宋代漆器凝练的造型也会让人自然想起西方现代主义设计理念中的"少就是多"，而且比较一下宋代漆器和后来日本现代漆器，会发现后者和前者在理念与风格上有惊人的相似之处。

另外，宋代服饰也趋于简洁化和儒雅化，和唐朝服饰相比，宋代服装显得简朴适意，休闲自在。这不但是对唐代开放、热烈、雍容、华美的服饰风尚的一种革新，而且对后世（尤其是明代）的服饰无论在形式上还是观念上都有深刻影响。

宋代的文人家具也明显地表现了尊崇自然、倡导秩序、讲究简练、提倡节俭、追求规范的观念，即使是当时的佛教家具也表现出类似的审美追求（虽然也有一些佛教家具是华丽繁缛的）。例如，以天工质朴为美，这可见于南宋佚名《萧翼赚兰亭图》中的四出头扶手椅，它以树枝与藤条制作，古朴苍然，是当时僧侣参禅打坐的坐具，后世也称之为禅椅。这种家具的设计意趣在南宋时大理国《张胜温画卷》中的禅宗初祖达摩大师与四祖道信大师所坐树枝椅上也得到了体现。

简淡的文人审美观还派生出宋代文人对自由适意、灵活便捷的追求与风尚。例如在视觉空间图像的布置上就有了很大的变化：这一时期的家具名称与功能的对应逐渐趋于细致和明确，并且在一次次的分化中使品种不断增加与完备。不过，变化中一个较为恒定的原则是室内空间与陈设的自由与灵活，并与诗、词和画意相结合，家具在室内的布置上有了一定格局，大体上有对称和不对称式。例如，书房与卧室的布局通常采用不对称式，这也为以后（如明清时期）的文人居室设计奠定了基础。而且，进入日常生活的高型家具也多保持着便于移动的特性，椅子和桌子即是如此，胡床和交椅更是如此。这些室内与家具设计的观念在无形中又促进了宋代文人审美观的发展。

"兼职"的皇帝们

◆ 是帝王也是文人

皇帝"兼职"做艺术创作和艺术传播是中国艺术史上的独特现象。三国时期的曹操、曹丕父子，南朝萧氏父子（萧衍、萧统、萧纲、萧绎），唐代李世民、李隆基，南唐二主李璟、李煜，宋朝的赵佶、赵构，清朝的胤禛（雍正）、弘历（乾隆）等帝王，均进行过大张旗鼓的艺术传播活动。

宋代皇帝提倡文治，因此大多喜爱艺术。几代帝王不但嗜画成癖，而且亲自投身于书画实践，身体力行，这方面史籍多有所载，宋代皇家的图像传播行为从未中断过。当然皇帝们最为关心的还是图像的政治教化作用与鉴戒功能。譬如，宋太祖赵匡胤和宋太宗赵光义统一全国后，"诏令天下郡县搜访前哲墨迹图画"，还派画家高文进、黄居寀搜集民间字画并鉴定品级。

宋太宗本人特别喜好书法，草、隶、行、篆、八分、飞白皆善，连宋朝货币淳化元宝上的字也是太宗亲题。

宋真宗喜欢观画，甚至外巡时随身也携图轴数十卷，并说图画是"高尚之士怡性之物"。

宋仁宗虽喜柳永词，却鄙其为人，认为他只能在风前月下浅斟低唱而已。因而，他非常重视绘画的鉴戒作用。仁宗"天资颖悟"，善于作画，曾画《龙树菩萨》，命待诏传模镂板印施。郭若虚家藏

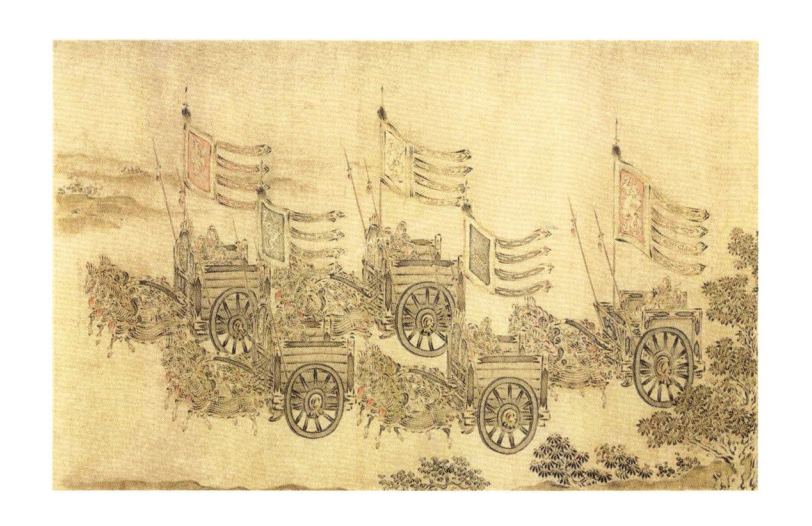

南宋马和之《小雅鹿鸣之什图》卷之《鹿鸣》，绢本设色，全卷原图纵28厘米，横864厘米，北京故宫博物院藏

仁宗所画《御马》，上题"庆历四年七月十四日御画"，兼有押字印宝。郭若虚还曾在张文懿家见有仁宗所画《小猿》一轴，还听说皇宫中有仁宗所画《天王菩萨像》等。

宋神宗亦嗜画，并偏爱李成和郭熙之作。米芾《画史》记载光献太后曾为之"尽购李成画，贴成屏风，以上所好，至辄玩之"。南宋邓椿《画继》记载，熙宁元年（1068），神宗诏郭熙进京，并把秘阁里汉唐以来的名画拿给他鉴赏并请他详定品目。宫中重要场所的布置画以及难度较大的画，皆要郭熙去画，以至于后来出现了"一殿专背熙作"的盛况。

宋高宗赵构也"雅工书画，作人物山水竹石，自有天成之趣"，遗传了其父赵佶的雅好。元人庄肃《画继补遗》更赞其"天纵多能，书法复出唐、宋帝王上。而于万几之暇，时作小笔山水，专写烟岚昏雨难状之景，非群庶所可企及也"。高宗对画家赵伯驹兄弟的特别关照就与他喜爱书画直接相关。据《画继补遗》载，赵伯驹"尝与士友画一扇头，偶流入厢士之手，适为中官张太尉所见，奏呈高宗。时高宗虽天下偎扰，犹孜孜于书画间，一见大喜。访画人姓名，则千里也。上怜其为太祖诸孙，幸逃北迁之难，遂并其弟睎远召见"。

宋孝宗爱画，尤其喜欢马和之的画，"每书《毛诗》三百篇，令和之写图"。元人夏文彦《图绘宝鉴》在述及马和之时亦云"高、孝两朝，深重其画"。

北宋赵佶（传）《摹张萱虢国夫人游春图》局部，绢本设色，全卷纵 52.1 厘米，横 147.7 厘米，辽宁省博物馆藏

✦ 书画比政绩更出色

宋徽宗赵佶则是历代帝王中书画造诣最高的。他在即位之前便酷爱绘事，蔡絛《铁围山丛谈》载："国朝诸王弟多嗜富贵，独祐陵（徽宗）在藩时玩好不凡，所事者惟笔研、丹青、图史、射御而已。"他自己也说："朕万几余暇，别无他好，惟好画耳。"即位后，他广搜法书名画，使得秘府所藏远远超过先朝。他命米芾、宋乔年等人对书画进行整理和鉴藏，并敕令编撰《宣和画谱》和《宣和书谱》等。徽宗的绘画在南宋邓椿《画继》卷一《圣艺徽宗皇帝》中被称为"笔墨天成，妙体众形，兼备六法"，且"独于翎毛尤为注意"，并常将亲笔所作之画或"御题画"赏赐给大臣，还在翰林图画院教授画学生，并亲自对古代的优秀绘画作品进行临摹与复制。

宋徽宗在图像绘制上的身体力行还影响了不少宗室子弟，其第二子郓王的画艺就比较出众，据南宋邓椿《画继》卷二《郓王》条目中记载：

> （郓王）禀资秀拔，为学精到。政和八年，射策于廷，名标第一，多士推服。性极嗜画，颇多储积。凡得珍图，即日上进，而御府所赐，亦不为少，复皆绝品，故王府画目，至数千计。又复时作小笔花鸟便面，克肖圣艺，乃知父尧子舜，趣尚一同也。今秘阁画目，有《水墨笋竹》及《墨竹》《蒲竹》等图。

由上可见，宋代帝王们对绘画的喜好程度可谓前无古人，后无来者。又在宫廷设立规模庞大的翰林书画院，使得书画高手辈出。上有所好，下必甚焉，宋代图像绘制与传播的繁荣，以及赏画、题画之风的兴盛，与此密切相关。

皇帝亲自担任院长和教授

◆ 画院画家可"佩鱼"

宋徽宗赵佶痴迷书画艺术,并自任皇家画院"院长"。为提高画院画家的地位、待遇与积极性,他对之前的佩鱼制度进行了改革,这成为中国皇家画院发展史上的一项重要举措。

鱼袋之制始于唐,原先主要是用于符契,到了宋代,转变为身份贵贱的标志。《宋史·舆服志》载:

> 太宗雍熙元年,南郊后,内出以赐近臣。由是内外升朝文武官皆佩鱼。……京官、幕职州县官赐绯紫者亦佩,亲王武官、内职将校皆不佩。真宗大中祥符六年,诏伎术官未升朝赐绯紫者,不得佩鱼。仁宗天圣二年,翰林待诏、太子中舍同正王文度因勒碑赐紫章服,以旧佩银鱼,请佩金鱼,仁宗曰:"先朝不许伎术人辄佩鱼,以别士类,不令混淆,宜却其请。"

由上可见,虽然"佩鱼制"在北宋各朝执行得稍有不同,但"伎术人"不得佩鱼却是惯制。

在神宗允许翰林学士佩鱼之后,徽宗结合自己的喜好,利用特权,一举改变祖制,"独许书画院职人佩鱼",使得画院画家真正跻身于"士类"。另据南宋邓椿《画继·杂说·论近》记载:"又他局工匠,日支钱谓之食钱，惟两局则谓之'俸直'，勘旁支给，不以众工待也。"画院画家不但能够"佩鱼"，发的工资也不叫"食钱"，而称为"俸直"。宋徽宗的这些举措，将画院画家在俸禄与服饰上高于其他艺人，地位与待遇大幅度提升。

✦ "画院派"画家的崛起

宋徽宗本人既是皇家画院的"院长"，又亲任"教授"，对画师们的指导十分仔细。邓椿《画继》中记载徽宗在画院"时时临幸，少不如意，即加漫垩，别令命思"。明代朱寿镛《画法大成》记载："宋画院众工，必先呈稿，然后上真。"这些文献的记载均说明了徽宗指导的认真程度。

徽宗主导下的北宋画院体现了三方面的显著变化：第一，画院画格与画家思想的变化；第二，画学建制的变化；第三，表现题材偏向于花鸟、山水。

由于内府收藏的丰富以及皇家画院的便利，画院画家们可以定期在画院中观摩与学习皇家内府珍藏，但是为了防止遗失与被污染，负责押送的官员要签军令状。邓椿《画继》卷一中对此做了明确记载："每旬日蒙恩出御府图轴两匣，命中贵押送院以示学人，仍责军令状，以防遗坠渍污。"

朝鲜李朝郑麟趾《高丽史》（成书于明景泰二年，即 1451 年）中还记载了宋徽宗让画师与高丽著名画家进行画艺交流的史实，这使得画家们在切磋之中受益，利于画艺的提高。

如前所述，北宋的画院模式与画学教育的影响是深远的，造就出一批优秀的画家，并在"靖康之变"后南渡成为南宋高宗画院的骨干力量。比如，李唐刚开始谋生时就以卖画为生，在徽宗时进入画院，南渡后流落临安，后来进入南宋画院任待诏。李唐若无当年北宋画院系统的学习与训练，打下深厚的底蕴，否则就不可能成为

南宋刘松年《松阴鸣琴图》,绢本设色,纵24.9厘米,横24厘米,美国克利夫兰艺术博物馆藏

开创一代南宋画风的大画家。

从北宋太祖开国至南宋亡国,即960年—1279年,记录在册的两宋宫廷画家共计约有160名。其中不乏黄居寀、崔白、郭熙、张择端、王希孟以及"南宋四家"中的李唐、刘松年、马远、夏圭这些流芳百世的杰出画家,他们的绘画作品创立了鲜明的个人风格,对后世影响深远。

现藏于美国克利夫兰艺术博物馆的《松阴鸣琴图》,尺幅虽不大,但作者刘松年将抚琴者的投入、听琴者的专注、童子的恭谨刻画得十分到位,藤墩、琴几、香几以及前景密集的丛竹、远景苍厚的松树,均表达得颇为精妙,营造了幽静的艺术氛围,显示了刘松年作为一流宫廷画家的精湛画艺。

◆ 笔笔精微,笔笔显真

在中国绘画史上,宋代院体花鸟画图像精妙传神,影响广泛。北宋真宗年间的花鸟画家赵昌,为了求真与创新,常在清晨趁朝露未干之时,在花圃中一边观察,一边着色,从而获得了"写生赵昌"的美名。徽宗赵佶深受其影响,在画院中对于"求真"的要求很高。

据南宋邓椿《画继》卷十《杂说·论近》记载:

> 徽宗建龙德宫成,命待诏图画宫中屏壁,皆极一时之选。上来幸,一无所称,独顾壶中殿前柱廊栱眼斜枝月季花。问画者为谁,实少年新进。上喜,赐绯,褒锡甚宠。皆莫测其故,近侍尝请于上,上曰:"月季鲜有能画者,盖四时、朝暮、花、蕊、叶皆不同。此作春时日中者,无毫发差,故厚赏之。"

徽宗要求画家能画出花卉在四时、朝暮中花、蕊、叶的不同之处,一位新进的画家之所以能够得到厚赏,是因为他描绘出了月季春天

南宋林椿《果熟来禽图》，绢本设色，纵26.5厘米，横27厘米，北京故宫博物院藏

中午的真实形态，而且"无毫发差"。

  宣和殿前植荔枝，既结实，喜动天颜。偶孔雀在其下，亟召画院众史令图之。各极其思，华彩烂然，但孔雀欲升藤墩，先举右脚。上曰："未也。"众史愕然莫测。后数日，再呼问之，不知所对，则降旨曰："孔雀升高，必先举左。"众史骇服。

  当时画院的所有画家在绘制孔雀时，均没有真实地展现出它的实际合理动作，徽宗经过深入观察，发现孔雀升高必先举左脚。这一点令画院所有的画家们心悦诚服。

> 画院界作最工，专以新意相尚。尝见一轴，甚可爱玩。画一殿廊，金碧焜耀，朱门半开，一宫女露半身于户外，以箕贮果皮作弃掷状。如鸭脚、荔枝、胡桃、榧、栗、榛、芡之属，一一可辨，各不相因。笔墨精微，有如此者！

一幅画院画家的图像作品刻画了一位宫女出门倒垃圾的情景，甚至连筐里的垃圾杂物，鸭脚、荔枝、胡桃、榧、栗、榛、芡等，均一一清晰可辨，笔墨精微之处令大鉴藏家邓椿也感到惊讶。

笔笔皆精准的画像风格是宋代帝王审美的直观体现，有了这样一系列的榜样作用，画院这一皇家图像生产单位从内到外，上行下效，求真逐渐成为风尚，许多画家甚至专门饲养花鸟虫鱼以供观察和写生，来表现对象的真实。因此，今天流传下来的许多宋代院体画多体现了精工细作、细致入微的特点，其出发点正在于追求作品与物象之间的相似性。

以活跃于南宋孝宗淳熙（1174—1189）年间的画院待诏林椿为例，他工花鸟、草虫、果品，赋色轻淡精雅，深得写生之妙。林椿是南宋钱塘（今浙江杭州）人，生卒年不详，由于画艺精湛，曾被皇帝赐金带。北京故宫博物院收藏的《果熟来禽图》是林椿的传世代表作，绢本设色，纵26.5厘米，横27厘米。在尺幅之间，画家直接以色彩分出物象之浓淡，层层晕染其阴阳向背，轻匀透明，饱满莹润，笔触工细，布色鲜明，将果实与小鸟描绘得栩栩如生。静中寓动，富于生趣。

宋佚名《吕洞宾过岳阳楼图》，绢本设色，纵 23.8 厘米，横 25.1 厘米，美国纽约大都会博物馆藏

不爱社稷迷道教

✦ 借助黄老之道巩固皇权

汉唐以来,道士炼丹服食,借以长生,帝王权贵也争相倡导服食。然而众多服食者中毒,史不绝书。据清代史学家赵翼《廿二史札记》卷十九《唐诸帝多饵丹药条》记载,唐代的太宗、宪宗、穆宗、敬宗、武宗、宣宗皆系服食丹药中毒而死。如此,外丹派日益衰落。道士们则从道教故有的胎息、服气、存想等内炼法转变而为内丹派,经崔希范、钟离汉、吕洞宾、陈抟等人的传承与发展,到北宋前期,内丹派逐渐兴盛。

宋初,为安定社会,巩固政权,朝廷在社会上推崇黄老之道,在夺取后周政权时,赵匡胤利用华山道士陈抟等人为他争取群众基础,称帝之后他还登门向道士刘若拙、苏澄隐请教"治世养生之术"。宋太宗及其宰臣吕端、吕蒙正、李琪、李昉等,也是黄老道家思想的信奉者。宋真宗大力推崇道教,尊黄帝为赵氏始祖,封老子为"混元上德皇帝",尊玉皇为"太上开天执符御历含真体道玉皇大天帝",在全国范围内掀起了少见的崇道活动。

宋徽宗赵佶十分尊崇道教,并有过于真宗。政和三年(1113),徽宗赵佶与大臣郊祀时,因见海市蜃楼,于是制造天仙下凡的神话,举国掀起崇道高潮,访求道教经典,甚至在科举制度中建立"道学",并提倡学习道经,设立道学制度和道学博士,列《内经》《老子》《庄子》等为修习经典，重编道教历史，编修《政和万寿道藏》。

政和七年（1117），道士林灵素称赵佶是上帝长子下凡，蔡京等是仙吏下凡，徽宗遂自称"教主道君皇帝"，在全国各地增建、扩建道观，叫作神霄宫，还设置道官、道职，建立道阶品位，整肃道教纲纪。

宣和元年（1119），宋徽宗下诏"排佛"，企图废佛教归入道教，命令改寺院为道观，改佛、菩萨为金仙、仙人、大士，和尚为德士，尼为女德等，但因佛教势力强大，迫于压力，无法执行，次年不得不下诏"一切如旧"，予以恢复。由于道士获得殊荣，利用皇权，干预朝政，打击佛教以及其他民间教派，引起其他阶层的极大不满，北宋政权的覆灭与此具有很大关系。

◆ 疯狂尊崇道教

宋徽宗迷恋方士道家之言，对神仙学说崇敬几乎到了极致，史书记载他上朝面见群臣之时都穿着道袍，可见对道教迷恋之深。

赵佶还命人在重要的艺术图像上题诗。有赵佶御题的《听琴图》

中就精心描绘了身穿道袍的赵佶抚琴，两位大臣在旁聆听的场景。在此画最为显要的位置（画面正上方的松树顶端），赵佶让权臣蔡京题写了一首诗。诗曰："吟徵调商灶下桐，松间疑有入松风。仰窥低审含情客，似听无弦一弄中。"诗中引用了汉代大文学家蔡邕以邻家灶下烧饭的桐木制成焦尾琴的典故。

在中国传统文化中，琴为乐器之君，常以音乐比喻政治，同时音乐还能辅导人的行为。因此，《听琴图》不但是一幅具有肖像画性质的徽宗行乐图，而且通过蔡京的题诗使得书与画这两种艺术形式得到了积极的互动与有机的融合，更试图借助于艺术使道教观念通过执政者的身体力行而深入人心。

徽宗之后，宋理宗是南宋最尊崇道教的皇帝，在蒙古的威胁日益严重之时，他仍然崇道，并给一些神仙高道加以封号，优待道派首领，兴建宫观。理宗对《太上感应篇》特别感兴趣，由此推动了道教劝善书的兴起。

左页图：北宋赵佶御题《听琴图》，绢本设色，纵147.2厘米，横51.3厘米，北京故宫博物院藏

爱石成癖误国甚

◆ 将爱石诉诸笔墨

宋徽宗赵佶在处理个人艺术爱好与国家政务关系上往往失衡。他不仅爱好饮茶、蹴鞠、骑马、射箭，还对奇花、异石、飞禽、走兽兴趣浓厚，尤其爱石成癖，建"艮岳"，大搞"花石纲"，导致民怨沸腾，民不聊生，误国误民。

《祥龙石图》，绢本设色，纵53厘米，横127厘米，在画面的最左边有"御制御画并书，天下一人"的题款，现藏于北京故宫博物院。《祥龙石图》分为左右两个部分，左边的瘦金体书法所题诗中有"故凭彩笔亲模写"之句，因此有可能此画乃赵佶亲绘。

从图像经营的角度来看，右边的太湖石十分靠右，以至于石景的一部分冲出了画卷之外，这种构图实在不多见。该画可能经过裁剪，也可能是作者的一件写生作品，因为在对实景写生时有可能会出现仅表现、研究局部的状况。好在宋徽宗赵佶具有高超的书画技巧，其在左侧的大量空白之处用诗文来代替绘画，又给读图者一种书画并佳的感觉。赵佶笔下的那块耸立的太湖石，犹若一条正在上下翻动的蛟龙，不仅具备了太湖石"瘦""皱""露""透"的外形审美特征，透过画面，还能使人感受到一种皇家的富贵之气和祥瑞之气。在石头的上部，作者还用草木点缀和烘托，使得那看似静止的石头又有了新的生机。

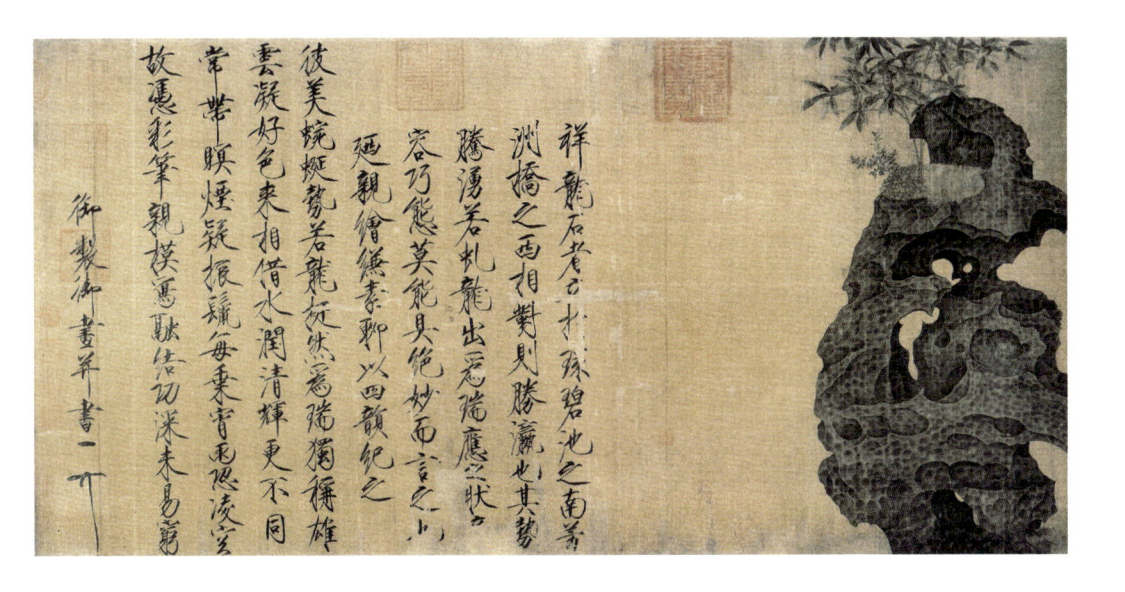

在图像制作上,赵佶以肯定的线条勾勒出祥石多变的外轮廓以及斑驳的纹理,再用水墨进行层层渲染。如此一来,太湖石坚韧多变的质感被展现得淋漓尽致。

《祥龙石图》的左边是赵佶为此石而创作的诗文,其文如下:

祥龙石者,立于环碧池之南,芳洲桥之西,相对则胜瀛也。其势腾涌,若虬龙出,为瑞应之状,奇容巧态,莫能具绝妙而言之也。乃亲绘缣素,聊以四韵纪之。彼美蜿蜒势若龙,挺然为瑞独称雄。云凝好色来相借,水润清辉更不同。常带暝烟疑振鬣,每乘宵雨恐凌空。故凭彩笔亲模写,融结功深未易穷。

落款:御制御画并书。天下一人(画押)。

赵佶的书法极具飘逸妍丽之情,不但透出深厚的书法功力与个人特质,而且显出书法造型的自家风骨,飘而不滑,逸而不松,妍而不俗,丽而不娇。

北宋赵佶《祥龙石图》,绢本设色,纵53厘米,横127厘米,北京故宫博物院藏

✦ 劳民伤财的艮岳

赵佶对太湖石有着狂热的喜爱，在崇宁五年（1106），曾特命苏杭应奉局在太湖地区大挖太湖石，并将其中的精品运达皇帝宫苑——"艮岳"之中。他亲自参与设计建造艮岳，集叠山、置石、理水、花木、建筑为一体，讲究诗情画意的结合。

徽宗曾在《艮岳记》中说："岩峡洞穴，亭阁楼观，乔木茂草，或高或下，或远或近，一出一入，一荣一凋。四面周匝，徘徊而仰顾，若在重山大壑、深谷幽岩之底，不知京邑空旷坦荡而平夷也，又不知郛郭寰会纷萃而填委也。真天造地设、神谋化力，非人力所能为者。……东南万里，天台、雁荡、凤凰、庐阜之奇伟，二川、三峡、云梦之旷荡。四方之远且异，徒各擅其一美，未若此山并包罗列，又兼其绝胜。飒爽溟涬，参诸造化，若开辟之素有，虽人为之山，顾岂小哉？"他对于天下山水胜境的认识以及艮岳虽为人造但集天造地设之绝胜的特色在此文中得到充分展露。

在具体的开挖过程中，由于长期浸泡在湖水里，很多挖石人肢体溃烂，丧失了劳动能力。在运送这些精美石头的过程中，有些水道设有石桥而导致运石船无法通行，为了满足赵佶的需求，官吏们甚至不惜拆毁石桥来让船舶通行。劳民伤财的行为让江南一带的百姓苦不堪言。

艮岳的确是融汇当时园林之精华，在艺术上无与伦比，称颂一时。但是徽宗在汴梁建造艮岳，搞得民怨沸腾、天下大乱，艮岳最终也毁于北宋末年战乱。

✦ 以自然之景造园林

在今天遗存的宋代建筑中，如山西晋祠等，可以看出，那时的建筑呈现出园林化趋向。不但都城中的王侯宅第园林增多，而且文人、商人的宅第与公共园林、寺观祠堂也大量出现。老子《道德经》曰:"人法地,地法天,天法道,道法自然。"这种作为中国古代建筑美学主导思想的天人合一观,不仅体现了上古中国人的自然观念,还影响了宋代园林建筑。特别是文人园林这种审美观更是得到发扬光大,人们格外关注自然意境,简朴的田园林居式花园演变为可以观景抒意的文人意趣之园。

宋代园林融自然美与人工美于一体,以人工建筑和岩壑、池水、花木等视觉元素来表现园林主人的艺术境界与人生境界,对后世影响深远。

宋代文人对构筑园林多有高论或实践。譬如,北宋曾巩对园林有独到见解,他在其《思政堂记》中说:"初,君之治此堂,得公之余钱,以易其旧腐坏断。既完以固,不窘寒暑。辟而即之,则旧圃之胜,凉台清池,游息之亭,微步之径,皆在其前;平畦浅槛,佳花美木,竹林香草之植,皆在其左右。"北宋文人晁补之致仕后在济州营造私园归去来园,园中景题皆"摭陶(渊明)词以名之",如松菊、舒啸、临赋、遐观、流憩、寄傲、倦飞、窈窕、崎岖等,意在"日往来其间则若渊明卧起与俱"。这在今天看来可称为私家主题园林了。

确有宋徽宗的真迹吗?

◆ 亲笔的"御画"与代笔的"御题画"

宋徽宗赵佶在执政期间,举国家之力做出了一系列与艺术相关的大事,如带头进行书画创作,广泛搜集古玩书画,扩充宫廷画院,聚集画家,建立画学,推行美术教育,将书画列入科举选拔制度,命人主持编撰《宣和博古图》《宣和画谱》《宣和书谱》,等等。他的这些举措让当时的绘画创作十分活跃,也为后人研究宋代及以前的文物和书画提供了丰厚资料,对中国画坛以及艺术品的收藏、研究具有重要价值。

同时,赵佶本人的艺术素养极高。迄今为止,署名宋徽宗赵佶的传世作品约有20余件,以花鸟为主,如北京故宫博物院藏《芙蓉锦鸡图》《祥龙石图》《枇杷山鸟图》《雪江归棹图》《听琴图》《梅花绣眼图》,台北故宫博物院藏《蜡梅山禽图》《红蓼白鹅图》《池塘秋晚图》《文会图》,辽宁博物院藏《瑞鹤图》《摹张萱虢国夫人游春图》,南京博物院藏《鸜鹆图》,上海博物馆藏《柳鸦芦雁图》,四川省博物馆藏《腊梅双禽图》,美国大都会博物馆藏《翠禽图》《摹张萱捣练图》,美国纳尔逊艺术博物馆藏《四禽图》,美国波士顿博物馆藏《五色鹦鹉图》,日本东京国立博物馆藏《桃鸠图》,日本浅野长勋藏《水仙鹌鹑图》等。这些署名为赵佶的作品画风分为两种:一种赋色浓丽、刻画入微,一种水墨清淡、简率有致。这两种画风又略有粗细、工拙、繁简的不同。

对与宋徽宗赵佶相关的作品，南宋官修书画著录《馆阁续录》卷三记载得十分详细。除画名与件数之外，还记载了题识，并且把"御画"和"御题画"分别加以著录。所谓"御画"是指赵佶亲笔所画的作品，共计十四轴一册；所谓"御题画"是指画上有赵佶题名或题诗，实际上多为画院画师代笔，这些作品有的有作者姓名，有的没有，共计三十一轴一册。

◆ 徽宗擅水墨

赵佶本人的亲笔画，多为文人清赏一类的较为疏简的墨笔画，这与皇帝的身份、日理万机的工作状态以及赵佶书法所显示的飘逸气质是协调的。现存这一类的作品有《柳鸦芦雁图》《枇杷山鸟图》《池塘秋晚图》《四禽图》等，多表现林泉小景、芦汀水岸、野禽栖息，风格朴拙，清幽雅逸，属于文人清赏之作，但每图的具体画法各有所变。赵佶这一类水墨简拙的图像风格具有两方面的渊源：一为五代兴起的以徐熙为代表的江南花鸟画派，一为北宋晚期兴起的文人画风。

北京故宫博物院所藏《祥龙石图》右边画太湖石，左边以瘦金体书法题诗文，诗中有"故凭彩笔亲模写"之句，虽言"彩笔"，但是今天看来基本是水墨的，更因其中有所谓"亲模写"，因此有可能是赵佶亲绘。

赵佶传世的《柳鸦芦雁图》卷，以水墨勾染为主，敷以淡彩。画钤赵佶"宣和中秘"朱文长方印，半钤明内府"纪察司印"，《庚子销夏记》《石渠随笔》中有著录。此作品是赵佶这类画风中最有代表性的一件，而且对于其为赵佶真迹，学界几乎没有争议。画卷前半部画一棵古柳，枝条垂拂，枝头树下有四只白头鸦，或俯首，或鸣叫，或栖息；画卷后半部画四只大雁栖息塘边，或饮水，或衔

宋式艺术生活

北宋赵佶《柳鸦芦雁图》局部，
上海博物馆藏

北宋赵佶《写生珍禽图》长卷局部，
中国刘益谦藏

70

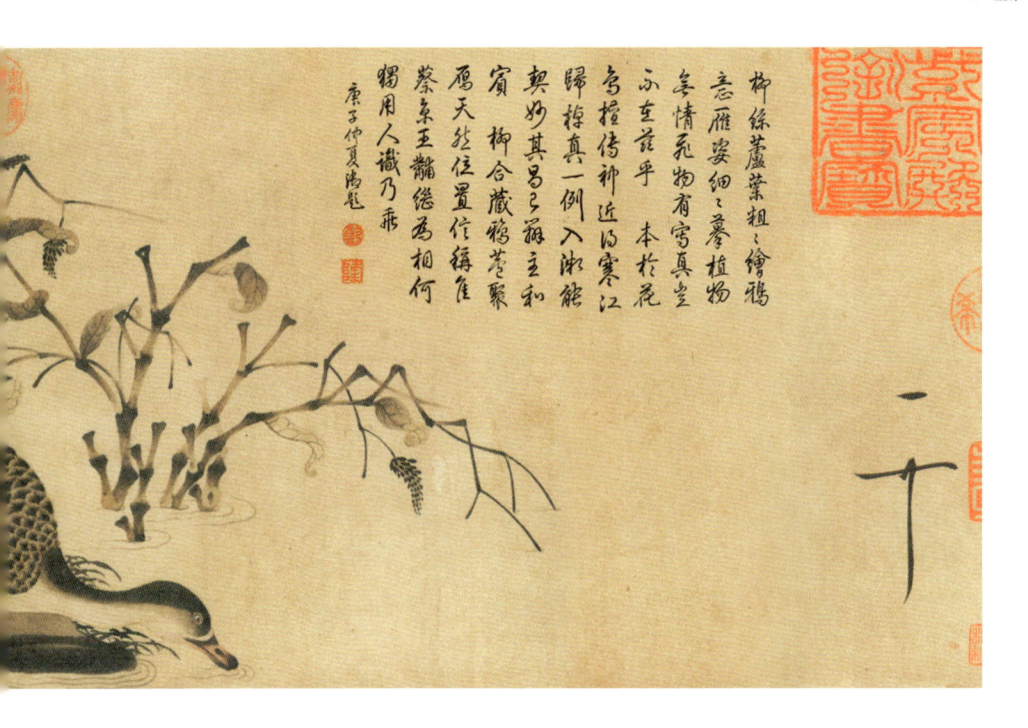

叶。全图用笔沉凝，工而不谨，柳干粗壮浓厚，柳枝细柔浅淡，大雁、白鸦均黑羽白肚，在主次、虚实、疏密、黑白等艺术手法的对比运用上甚为成熟。构图简洁，空间悠远，虽画江湖野趣，但并不荒率，寓巧于拙，具有内在的雍容气质。严谨的造型与生动的情态并未与北宋院画风格脱节，应是从院体细勾匀染派中化出。

另一幅宋徽宗的传世作品《写生珍禽图》长卷有着独特的地位。此画纸本水墨，纵 27.5 厘米，横 521.5 厘米，共有 12 段，每段接缝处盖有宋徽宗双螭印，共 11 方。该图以水墨描绘了不同的栖禽，笔法简朴，不尚铅华，墨色浓淡变化有致，层次丰富，显现出宋代院画的严谨画风与典雅趣味。图中的鸟，先以淡墨画出形状，再以较浓的墨覆染，最后以浓墨点染头尾羽梢等关键部位，层层描绘，使这些鸟儿呼之欲出。折枝花卉也很有特点，正如元人夏文彦《图绘宝鉴》记载赵佶时所言，即"尤善墨花石，作墨竹紧细，不分浓淡，一色焦墨，丛密处微露白道，自成一家，不蹈袭古人轨辙"，说的就是这类画中的竹子花草的特征。美国纳尔逊艺术博物馆所藏《四禽图》、台北故宫博物院所藏《池塘秋晚图》也属此类。

北宋赵佶御题《芙蓉锦鸡图》,绢本设色,纵 81.5 厘米,横 53.6 厘米,北京故宫博物院藏

《写生珍禽图》在清代鉴藏家安岐的《墨缘汇观·续录》中有过著录,卷上有安岐的印14方,梁清标、梁清寓兄弟也钤有鉴藏印。此卷在乾隆时进入宫廷,《石渠宝笈初编》有著录,画名即为《花鸟写生卷》,卷上钤有乾隆、嘉庆等玺,每段均有乾隆画题。1942年,于非闇曾临摹过此卷,认为《写生珍禽图》为徽宗作品,并对该作品流落到日本表示惋惜。1979年,徐邦达发表《宋徽宗赵佶亲笔画与代笔画的考辨》,从画风上论证《写生珍禽图卷》为徽宗真迹。谢稚柳进一步认为此卷为宋徽宗晚年亲笔,并在所编的《宋徽宗赵佶全集》中有过论述。笔者则以为因画上没有"天下一人"的花押,很可能为赵佶早年作品。

✦ 为皇帝代笔的画家们

徽宗皇帝"御题画"三十一轴一册包括《海棠通花凤》《杏花鹦鹉》《芙蓉锦鸡》《千叶碧桃苹茄》《聚八仙倒挂儿》《桃竹黄莺》《金林檎游春莺》《香梅山白头》,以上八轴于御书诗后并有"宣和殿御制并书"七字,其他的则为具体署名为赵昌等画家的作品。其中的《芙蓉锦鸡》《香梅山白头》就是流传至今的北京故宫博物院藏的《芙蓉锦鸡图》、台北故宫博物院藏的《蜡梅山禽图》。本来,"香梅山白头"作为此画名称十分贴切,因为赵佶在画上的御题诗为:"山禽矜逸态,梅粉弄轻柔。已有丹青约,千秋指白头。"但不知何故被改成"蜡梅山禽图",而且似乎已约定俗成。

这些"御题画"的题诗,多为富贵华丽的词藻,画风也与此一致,勾线工细,赋彩浓丽,具有典型的宣和画院作风,从现存穷工极妍的《芙蓉锦鸡图》《蜡梅山禽图》来看也确实如此。

据南宋邓椿《画继》卷一《圣艺徽宗皇帝》记载,赵佶经常以内府所藏及御笔书画分赐群臣,画家还需围绕皇帝的赏赐进行绘制。譬如,徽宗朝院画家的不少精品就被赵佶加以御题用于赏赐大臣,如《海棠通花凤》《杏花鹦鹉》《芙蓉锦鸡》《千叶碧桃苹茄》《聚八仙倒挂儿》《桃竹黄莺》《金林檎游春莺》《香梅山白头》，以上八轴于御书诗后均有"宣和殿御制并书"七字。这些均明确见于南宋官修《馆阁续录》卷三的著录。

有些技艺杰出的画家则直接充当徽宗的代笔，据北宋蔡絛《铁围山丛谈》卷六记载："……独丹青以上皇（赵佶）自擅其神逸，故凡名手，多入内供奉，代御染写，是以无闻焉尔。"蔡絛是蔡京之子，和皇帝赵佶较为熟悉，他记载入内供奉的名手"代御染写"，是可信的。再据南宋邓椿《画继》卷六《花竹翎毛》记载，当时为徽宗充当代笔的画家有刘益、富燮二人。

元初汤垕《古今画鉴》也认为："徽宗作册图写，每一板二页，十五板作一册，名曰《宣和睿览集》，累至数百及千余册。度其万机之余，安得暇至于此，要是当时画院诸人仿效其作，特题印之耳。然徽宗亲作者，自可望而识之。"

诚然，日理万机的皇帝赵佶是不可能绘制"千余册"如此众多画作的，只能是依靠画院画家的代笔，画院中有相当一部分的优秀画家的使命就是为皇帝、为国家而作画。

宋代画院的图像生产模式导致画院画家多不题写名款，即使有个别落款的，很可能是得到了皇帝的首肯，但通常会在自己的姓名前冠一"臣"字，以表示自己御用的身份。这一形式一直影响到清代，供奉内廷的画家也多使用"臣某某恭绘"的题款法。

徽宗作画时遇到某些自己不擅长的内容，还会传召相关画家前来咨询，或协助绘制，如要处理《瑞鹤图》中的宫殿问题，就召来界画高手。南宋邓椿《画继》卷十《杂说》载："睿思殿日命待诏一人能杂画者宿直，以备不测宣唤，他局皆无之也。"又记载："凡取画院人，不专以笔法，往往以人物为先。盖召对不时，恐被顾问，故刘益以病赘异常，虽供御画，而未尝得见，终身为恨也。"其中的所谓"顾问"，就是咨询或协助绘制之事。刘益虽然为徽宗充当代笔(即"供御画"),但是由于经常生病而未见过徽宗,这成为他的一大憾事。徽宗画作中的代笔与"顾问"现象,使后人很难对这些画作进行鉴定。

赵佶的绘画不仅在古代被广为收藏,得到画家们的临摹与研究,即使在当今社会仍然受到人们的喜爱与追捧。2002年4月,中国嘉德春拍会上,由日本京都有邻馆送拍的宋徽宗《写生珍禽图》首度亮相。当时参加竞拍的有比利时收藏家盖伊·尤伦斯、台北资深藏家林百里,以及北京故宫博物院等各方。上海博物院本有意竞买,但考虑到该卷系从北京故宫流出,若由故宫收回,其文化意义更大,因此没有与北京故宫角逐。《写生珍禽图》最后由尤伦斯以2530万元竞得,创造了当时中国书画的拍卖新纪录。2009年5月,宋徽宗《写生珍禽图》又出现在北京保利春拍夜场上,国内买家刘益谦以6171万元竞得,此价是7年前价格的2倍多,再创中国书画的拍卖天价。说明了赵佶的绘画直到今天仍受到关注与讨论,仍在不断得到传播,仍极具艺术价值。

宋式艺术生活

北宋王希孟《千里江山图》卷局部，绢本设色，全卷纵51.5厘米，横1191.5厘米，北京故宫博物院藏

皇帝亲授的天才少年

◆ 一画名垂史册

据邓椿《画继》中记载，徽宗在画院"时时临幸，少不如意，即加靠慢，别令命思"。画院众工在正式绘制作品之前，必先呈稿给徽宗看，然后才能"上真"（正式绘制）。

北宋政和三年（1113）四月，有一位名叫王希孟的少年画家，由宋徽宗赵佶亲自教导，花了半年的时间绘成一幅青绿山水长卷——《千里江山图》。此图富于周密的构思和精心的刻画，既壮阔雄浑而又细腻精到，生动地表现了自然山水的秀丽壮美，是中国山水画史上罕见的长篇力作，它不但代表了北宋宫廷山水图像创作的最高成就，而且见证了北宋皇家画院教育体系的出色成果。

王希孟可以称得上是中国绘画史上仅有的以一幅画而名垂千古的天才少年，时年仅十八岁。该画完成后被徽宗赐予当时的大书法家、太师蔡京，蔡京十分感慨地在画卷后题跋曰：

> 政和三年闰四月一日赐。希孟年十八岁，昔在画学为生徒，召入禁中文书库，数以画献，未甚工。上知其性可教，遂诲谕之，亲授其法，不逾半岁，乃以此图进。上嘉之，因以赐臣京，谓天下士在作之而已。

这是目前所见关于王希孟唯一的档案资料，此外再也没有关于

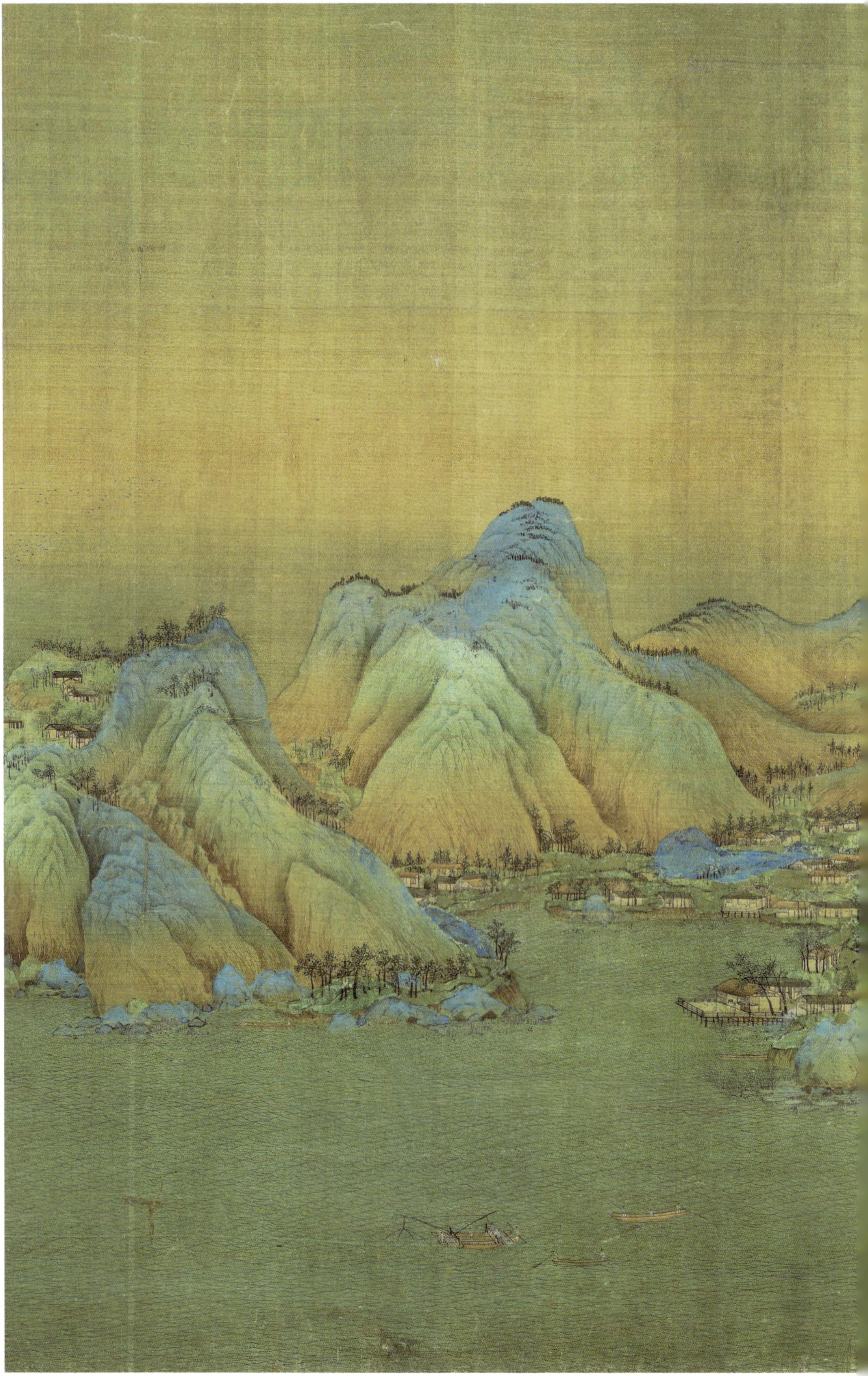

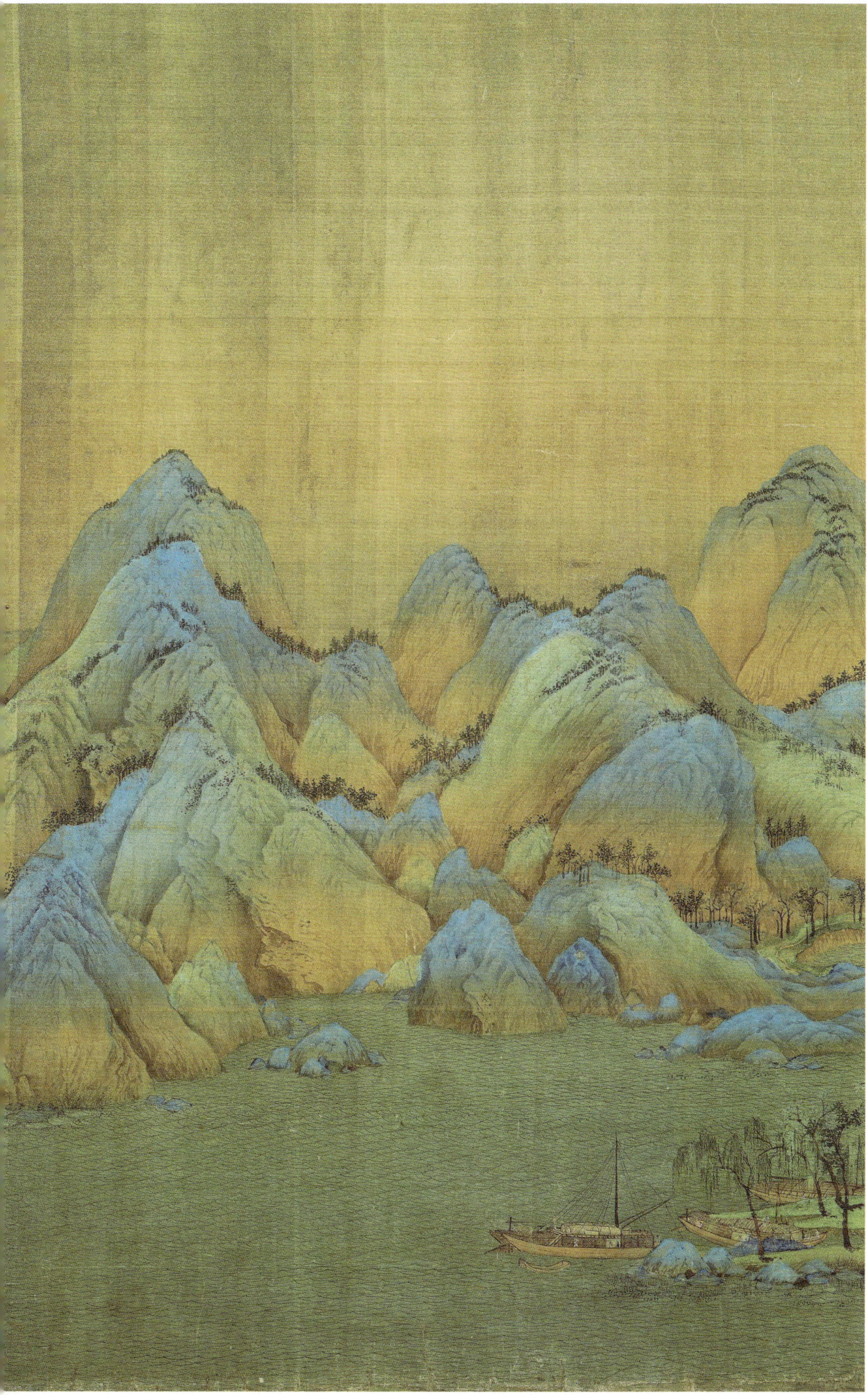

他的记述，他可能在画作完成不久就英年早逝。此幅作品的水平之高是旷世的，宣和画院良好的学习条件无疑对年轻作者的成长起到了重要的培养作用。

✦ "中国十大传世名画"之一

初唐时期流行青绿山水，唐末之后一度沉寂。北宋后期随着宫廷华贵艳丽的风尚再度繁荣，及受上层宫廷与贵族之需，青绿山水再次兴起。前期有不少画家画过青绿山水。譬如，唐代李思训父子的青绿山水，画中常"以金绿为之"，无不体现"金碧山水"的细腻华贵与绚烂璀璨。北宋皇亲贵戚赵令穰、王诜的山水画也多以青绿设色。

《千里江山图》的形式是长卷，在观赏时需要缓缓展开。章法上取平远之势，使人一望而览千里江山；连绵的千峰万壑矗立于大江两岸，其间画有丛树竹林、亭台楼阁、舟楫桥亭，以及各种人物，

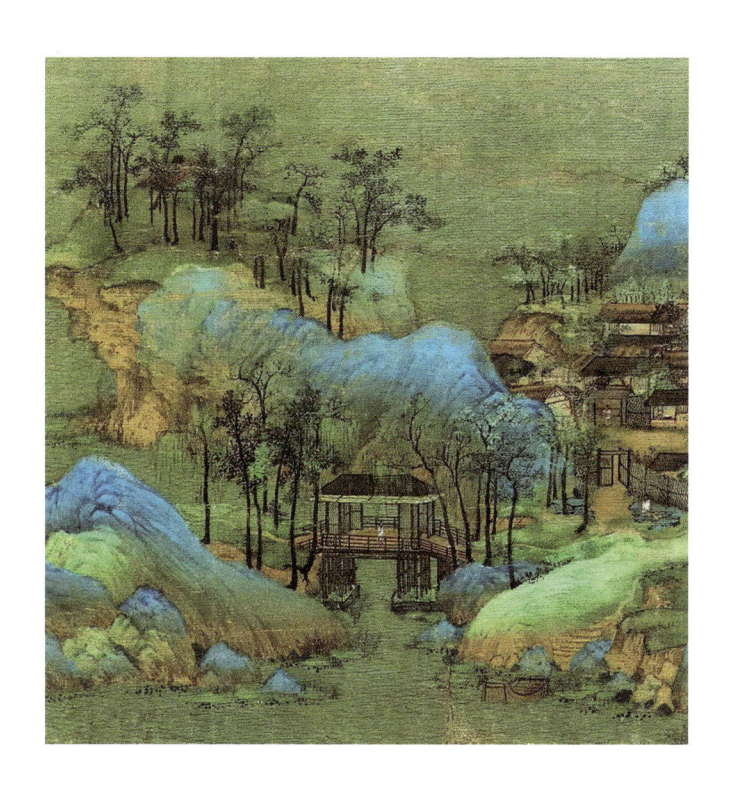

内容不可胜记，布局井然有序；山间点缀茅居村舍，布置坡岸长桥及撒网捕鱼、游江船只等场景；万顷碧波，皆一笔一笔画出，描绘精细独到。

在技法上，画者继承了唐代以来的传统青绿法，同时吸收了董源、巨然的笔法，将"三远"的透视法则灵活运用，图像之中极富变化。全卷疏密之中讲求变化，布局井然有序，气势连贯。以披麻与斧劈皴相合，表现山石的肌理脉络和明暗变化，运用水墨山水的技法重新诠释并丰富了青绿画法，为青绿山水画的进一步发展起到了推动作用。

在设色上，全卷匀净清丽，富有色彩变化和装饰性。先用笔墨勾出山石的轮廓，兼用皴法；再以石青、石绿渲染山峦，皆用原色，施以重彩，显示青山叠翠；山脚设色以赭石一类的暖色衬托出石青、石绿，取得统一和谐的视觉效果。其设色的灿烂以及非凡的绘画技巧，都比前人的青绿山水更为细腻与成熟，虽然没有像金碧山水那样勾以金线，却依然感觉到满幅富丽堂皇，标志着北宋青绿山水一个崭新的高峰，也体现了北宋后期山水画的卓越成就。

画家也分三六九等

◆ 按出身分类

宋代绘画按画家出身可分为宫廷绘画、文人绘画与民间绘画三类。

最早进入市场且不同程度影响到文人绘画与宫廷绘画的是民间绘画，它源自民间世俗需求市场的崛起。据元代夏文彦《图绘宝鉴》记载，宋代有名可考的民间画工多达800余人。至于姓名湮没于历史的，可谓不计其数。这么一个庞大的书画生产群体，无疑是当时艺术市场的主力军。

宋代的宫廷画师被纳入国家机构，享受士人待遇，并授予职衔。到了徽宗时期，宫廷画师的地位则更高。如此的御用身份，卖画当然不是他们的谋生之道，他们的服务对象是皇帝与宫廷，与当时的政治不可避免地捆绑在一起，皇帝个人的喜好自然成为他们揣摩的热点。

文人绘画则多用于自娱与交友，也有少数进入市场流通。

◆ 民间画师的造化

有一些民间画师的经历颇具传奇色彩。

专工楼台建筑界画的赵楼台、善画婴戏题材的杜孩儿均以他们的绝活而得名一时。南宋邓椿《画继》卷七《屋木舟车》记载："赵楼台，不得其名，相州人，卖画中都。屋宇深邃，背阴向阳，不失规矩绳墨也。"杜孩儿的作品甚至被画院画家追慕以备宫廷之需，南宋邓椿《画继》卷六《人物传写》为此记载："杜孩儿，京师人。在政和间其笔盛行，而不遭遇，流落辇下。画院众工，必转求之，以应宫禁之须。"

北宋画院的不少名画家，如高益、燕文贵、许道宁、翟院深等人也均是来自民间，有的地位甚至很低贱，但是因为画艺出色而被召入画院，名重一时。

工画佛道鬼神、蕃汉人马的高益，刚来东京的时候以卖药谋生，售药时就画鬼神或犬马于纸上，附送给人，于是有了名气。后来结识了外戚孙氏，孙氏以高益所画的《搜山图》进献给太宗，高益被授翰林待诏。

也许是经历了民间卖画的辛苦，高益特别能体会其间的甘苦，因此这位著名画家对于其他出色的民间画家也深为同情，具有伯乐的眼光与胸襟，得到机会就进行积极推荐。譬如，燕文贵曾在东京汴梁卖画，有幸结识高益，得到了他的大力推荐，受到皇帝的赏识并进入翰林图画院，从而成为一代大画家，奠定了其艺术作品传播的基础。北宋刘道醇《宋朝名画评》卷一《人物门第一》为此特别记载："燕文贵，吴兴人，隶军中。善画山水及人物。初师河东郝惠。太宗朝驾舟来京，多画山水人物，货于天门之道。待诏高益见而惊之，遂售数番，辄闻于上，且曰：臣奉诏写相国寺壁，其间树石，非文贵不能成也。上亦赏其精笔，遂诏入图画院。"学李成画山水林木的许道宁也有在端门前卖药赠画的经历。

✦ "南宋四家"之首也曾街头卖画

开创南宋画风的大画家李唐早年也曾在北宋市井街头卖画，后来进入北宋画院学习。

宋式艺术生活

宋李唐《采薇图》，绢本设色，纵 27.5 厘米，横 91 厘米，北京故宫博物院藏。

靖康之变后，南宋绍兴初年，已是北宋画院大画家的李唐和弟子萧照南渡赶到临安。但当时的朝廷忙于军事，财政紧张，画院恢复不了，70多岁高龄的李唐只好流落在街头以卖画为生。李唐虽在北方名气大，但在临安却无人知道，因此所画山水画的销路并不好，生活日渐困顿。李唐曾写诗以发泄胸中苦闷，诗曰："雪里烟村雨里滩，看之容易作之难。早知不入时人眼，多买胭脂画牡丹。"

南宋高宗绍兴十六年（1146）之后，南宋朝廷趋于稳定并富裕起来，酷爱书画的高宗恢复了画院，并招募画家。有中使在临安发现了李唐的画，大为惊喜地说："此待诏作也。"李唐听说画院恢复，也投上一封名帖，希望进入画院。中使奏明皇帝，于是李唐复入画院，仍为画院待诏，赐金带，备受皇帝赏识。这时李唐已是近80岁的老画家了。由于北宋末年皇家收藏的所有法书名画全被金人掳去，而中国绘画的学习十分重视临摹传统，在失去了范本的情况下，南宋画院的山水画家只能向老画家李唐学习。李唐死后，他们也以临摹李唐的作品为主。

李唐身历两宋画院，这位曾经流落民间的大画家可以被视为画史上两宋之间承先启后的代表性画家，更是南宋山水新风的开创者，被誉为"南宋四家"之首。李唐画风后来还传入了日本，对其画坛产生了重要影响，日本的著名画僧天章周文及其高足雪舟，包括15世纪的著名画家雪村均受到李唐画风的影响。

《采薇图》是李唐南渡之后在南宋开宗立派的代表作之一，画的是商代贵族伯夷、叔齐兄弟二人采薇而食，"饿死事小、失节事大"的故事。此画水墨刚劲，线条简练洒脱，山石描绘多善用大斧劈皴。繁华的北宋灭亡后，已70多岁的李唐从北方长途跋涉逃到南宋临安，一路目睹了金人对宋人的蹂躏，以及南宋君臣苟且偷生的态度，所以此画的创作还有另一层意义，暗含着颂扬民族气节、反对屈服的立场，以及对于那些缺少气节的投降派们的劝谏。

三 文人与情怀

北宋梁师闵《芦汀密雪图》局部，绢本设色，全卷纵26.1厘米，横145.6厘米，北京故宫博物院院藏

画家落款题跋始于北宋

◆ 谦逊的画家们

在北宋之前的中国绘画上,一般是没有画家落名款的。从北宋开始,画家开始落名款。现存两宋绘画上写有简单落款、题记的有范宽、崔白、郭熙、李公麟、赵令穰、梁师闵、赵佶、李唐、刘松年、马远、马麟、夏圭、李嵩、李迪等人。但他们大多数只写有姓名、画题、年号、时节等少量信息,有的写在画面的边角上或是树干、山石等的隐晦之地。不管动机如何,有一点是明确的,即画家并不希望其落款让观者一目了然,画家只以单纯的绘画作品说话,而不掺和其他的艺术形式。

例如,范宽的《溪山行旅图》(现藏于台北故宫博物院)只在画面中部的一小块山石上写有"范宽"两个小字,较难发现。郭熙《早春图》(现藏于台北故宫博物院),画幅左侧题有"早春,壬子(1072)年郭熙画"8个字。题款虽落在空白处,但字特别小,下有"郭熙笔"长方朱文印一方。其《窠石平远图》(现藏于北京故宫博物院),在画幅左侧边缘用隶书小字题有"窠石平远"及"元丰戊午年(1078)郭熙画",钤"郭熙印章"一方。盖作者印章,这在北宋的画中是很少见的,足见郭熙在当时的地位以及借此表达的艺术自信心。

梁师闵《芦汀密雪图》(现藏于北京故宫博物院)的后端末尾中上部写有"芦汀密雪,臣梁师闵画",其中的"臣"字写得十分小,题跋之后并不盖印章，可见画家的谦卑。李唐在《万壑松风图》上的隶书款识则题于画面左上部的远峰之上，即"皇宋宣和甲辰（1124）春，河阳李唐笔"，远观或以为是皴笔。

南宋李嵩在其《花篮图》（现藏于北京故宫博物院）画面的左下方款署"李嵩画"三个小字，下无印章；在其《骷髅幻戏图》（现藏于北京故宫博物院）画面的左侧署有"李嵩"两小字款，下无印章。南宋李迪在由多拼绢组成的巨幅花鸟画图像《枫鹰雉鸡图》（北京故宫博物院藏）的左上角以小字题有"庆元丙辰岁李迪画"，字下也不盖印章；其《猎犬图》（现藏于北京故宫博物院）的右上角以小字题有"庆元丁巳岁李迪画"，落款下也无印章。

对于简单的落款行为，当时的文献也有记载。米芾《画史》记载："李冠卿少卿，收双幅大折枝，一千叶桃，一海棠，一梨花，一大枝上，一枝向背，五百余花皆背，一枝向面，五百余花皆面。命为徐熙。余细阅，于一花头下金书'臣崇嗣上进'。"再如，宋人赵希鹄《洞天新录》记载："郭熙画于角有小熙字印。赵大年、永年，则有大年某年笔记，永年某年笔记。"

也有少数的宋画题款在上方空白处的，如北宋李公麟临韦偃《牧放图》卷，南宋李迪《鹰窥雉图》轴等。以大篇诗文题在卷后或轴上的，从流传的作品来看，有两宋之际的米友仁，南宋的杨无咎、陈容、郑思肖、龚开和金代的王庭筠等。

宋代画院画家进呈皇帝的作品，则多不落款，其原因在于御用画家不宜随便题写。供奉画师也有题写落款的，想必是得到了皇帝的首肯，但会在姓名前冠一"臣"字，以表示对皇帝的尊重，如"臣

90

北宋李公麟《五马图》长卷局部，纸本水墨，全卷纵29.3厘米，横225厘米，日本私人藏

梁师闵""臣马麟"等。这一形式影响到了后代，譬如以绘画供奉清代内廷的画官均使用"臣某某恭绘"的题款之法。

相比之下，宋徽宗赵佶在画上的题款与花押则十分显眼与异常丰富，除了花押"天下一人"以及画名与题诗，徽宗的落款有多种款式，有"御制御画并书""宣和殿御制并书""宣和殿制""御制""御笔写""御画""某某殿御笔""戏笔写"等。作为酷爱艺术、更加自信的皇帝，这是例外，另当别论。

✦ 从题跋中寻觅真迹证据

宋代的一些绘画上因为有了他人的题跋而成为鉴别是否为真迹的关键。与画家同时代人题跋的诗文，多是说明书画的创作过程，对作者及作品的内容与技法予以评价。譬如，北宋李公麟的《五马图》本身并没有作者的款印，但是画上和后面的尾纸上都有其好友黄庭坚的题字。这就等于李公麟自书的名款一样，而且甚至比李公麟本人的款题还要有用。因为黄庭坚的书法作品流传于世的比较多，利于后人鉴别比较，而李公麟的字流传于世的极少，反而难以鉴别。

类似的例子还有苏轼《古木怪石图》卷，也无作者款印，但因后接纸上有刘良佐、米芾的诗跋，表明此画是苏轼为刘良佐而作，这也是将其鉴定为苏轼真迹的证据之一。

北宋的画家开始在画上落款，题写姓名与时间，或让他人题跋，其社会化的传播意义有以下四点：

其一，艺术传播方式的革新。画家地位的提升，画家不再以作画为耻，有了对于自己的个人信息进行传播的意识，这使得画家的名号走向文化与历史的舞台，呈现出传播方式上的新变化。

其二，信息录入形式的增加。在每件作品的画面上写上作画时间等具体信息，便于画家对于自己的画风变迁与水平增进情况进行记录与审视。

其三，收藏以及研究的便利。有了画上的信息，客观上使得后人可以便捷地掌握作品的作者、真伪、优劣、创作时期等情况，能够为收藏提供借鉴，为深入的研究提供依据。

其四，画面构成形式的丰富。随着题款艺术的逐渐发展，从早期的小块、谨慎、不自信的状态逐渐发展到后来的大胆挥写，为落款在创作形式上越来越成为画面的重要组成部分奠定了前期基础。

诗画相和

◆ 图像与文字互动

宋代绘画的发展与收藏事业的发达带来了相关的诗词吟诵的兴盛，留下的题画诗、观画诗、论画诗可谓不计其数，图像与诗歌形成了良好的互动与传播关系。

从数量来看，宋代题画诗的创作远超前朝。南宋孙绍远《声画集》录唐至北宋末年的题画诗，其中唐代不足50首，宋代约770首。清康熙《御定历代题画诗类》录唐诗约160首，宋诗1100余首。今人孔寿山在《唐朝题画诗注》中，统计唐代题画诗总数为230余首；而钟巧灵在《宋代尚画之风与题画诗的繁荣》一文中根据《全宋诗》并参考南宋孙绍远《声画集》、清康熙《御定历代题画诗类》以及宋诗人别集做了统计，认为现存宋代题画诗的数量多达约5000首。

譬如，著名的苏轼《书鄢陵王主簿所画折枝二首》就是题画诗，诗云：

论画以形似，见与儿童邻。赋诗必此诗，定非知诗人。诗画本一律，天工与清新。边鸾雀写生，赵昌花传神。何如此两幅，疏淡含精匀。谁言一点红，解寄无边春。

瘦竹如幽人，幽花如处女。低昂枝上雀，摇荡花间雨。双翎决将起，众叶纷自举。可怜采花蜂，清蜜寄两股。若

人富天巧，春色入毫楮。悬知君能诗，寄声求妙语。

当时的文人还留有许多论画诗。例如，王安石的《江邻几邀观三馆书画》就是一首详细的评画诗，诗曰：

五月秘府始曝书，一日江君来约予。世间虽有古画笔，可往共观临石渠。我时冒热跨马去，开厨发匣鸣锁鱼。羲献墨迹十一卷，水玉作轴排疏疏。最奇小楷《乐毅论》，永和题尾付官奴。又有四山绝品画，戴嵩吴牛望青芜。李成寒林树半枯，黄筌工妙《白兔图》。不知名姓貌人物，二公对奕旁观俱。黄金错镂为投壶，粉幛复画一病夫。后有女子执巾裾，床前红毯平火炉。床上二姝展觑觎，绕床屏风山有无。堂上列画三重铺，此幅巧甚意思殊。孰真孰假丹青模，世事若此还可吁。

北宋张先《十咏图》，绢本设色，纵52厘米，横125.4厘米，北京故宫博物院藏

✦ 当诗歌成为画作的灵感

在宋代，诗和画的缘分远不止如此，还有不少因诗成画的例子，其中，最为知名的是北宋张先《十咏图》的成画过程。此画绢本设色，纵52厘米，横125.4厘米，现藏于北京故宫博物院。

张先（990—1078），字子野，乌程（今浙江湖州吴兴）人，北宋词人，造语工巧，善作慢词，与柳永齐名，与梅尧臣、欧阳修、苏轼等著名文人均有密切交游。张先官至尚书都官郎中，晚年退居湖杭之间，北宋神宗熙宁五年（1072），82岁的张先来到浙江吴兴南园观赏美景，想起老父张维（956—1046）生前也爱到这里游览，还曾赋"十咏"诗，依次为：

其一，《吴兴太守马大卿会六老于南园人各赋诗》："贤侯美化行南国，华发欣欣奉宴娱。政绩已闻同水薤，恩辉遂喜及桑榆。休言身外荣名好，但恐人间此会无。他日定

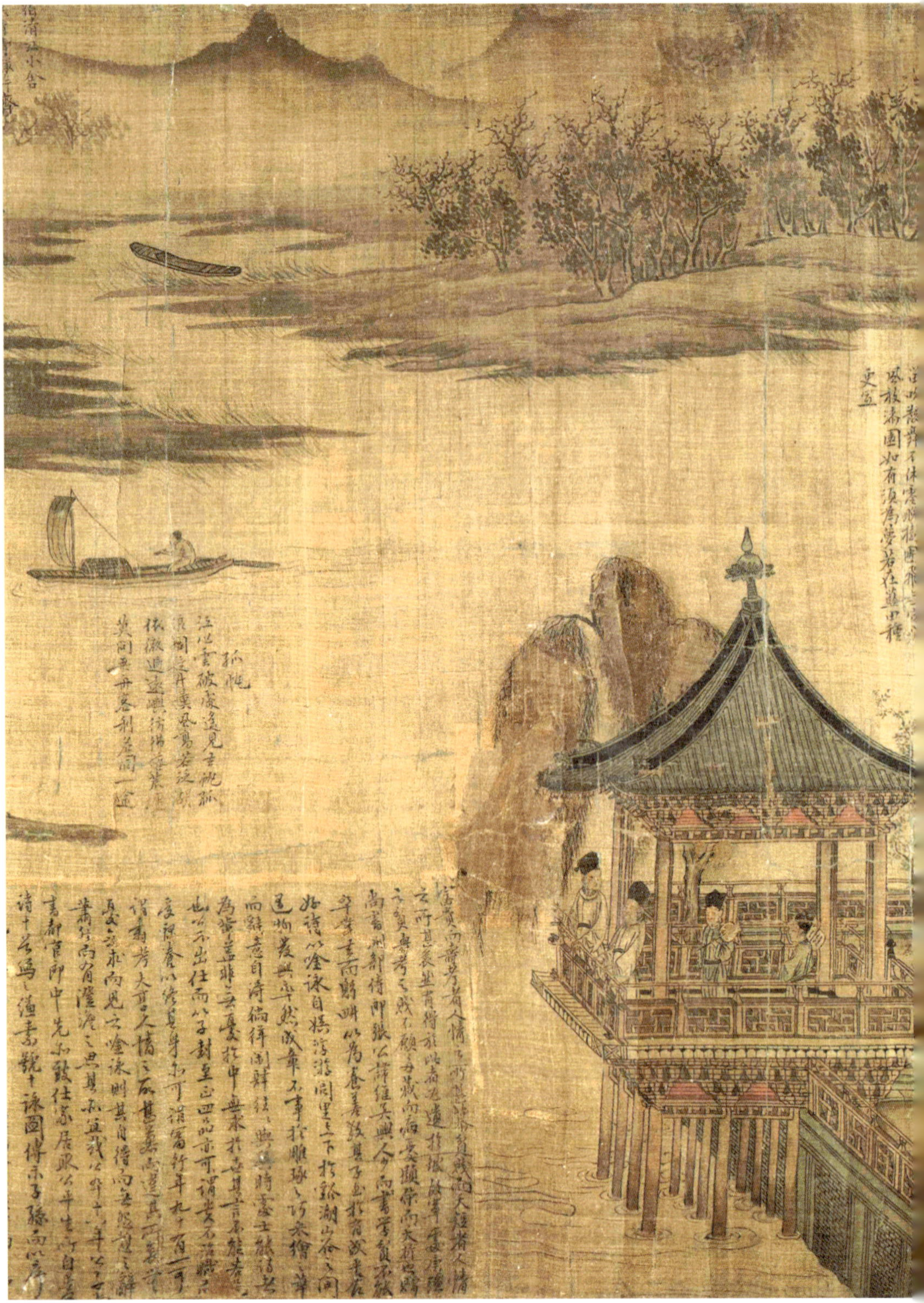

東都繞少一西泳便壺
三榻權高年昱丹青
子舍參奴知成獨步歷
祇助隹諛丁甲何煩守
六星瑞曜含
辛巳季春偶題

知传好事,丹青宁羡《洛中图》。"

其二,《庭鹤》:"戢翼盘桓傍小庭,不无清夜梦烟汀。静翘月色一团素,闲啄苔钱数点青。终日稻粱聊自足,满前鸡鹜漫相形。已随秋意归诗笔,更与幽栖上画屏。"

其三,《玉蝴蝶花》:"雪朵中间蓓蕾齐,骤开尤觉绣工迟。品高多说琼花似,曲妙谁将玉笛吹。散舞不休零晚树,团飞无定撼风枝。漆园如有须为梦,若在蓝田种更宜。"

其四,《孤帆》:"江心云破处,遥见去帆孤。浪阔疑升汉,风高若泛湖。依微过远屿,彷佛落荒芜。莫问乘舟客,利名同一途。"

其五,《宿清江小舍》:"菰叶青青绿荇齐(仅存此句)。"

其六,《归燕》:"社燕秋归何处乡,群雏齐老稻青黄。犹能时暂栖庭树,渐觉稀疏度苑墙。已任风庭下帘幕,却随烟艇过潇湘。前春认得安巢所,应免差池拣杏梁。"

其七,《闻砧》:"遥野空林砧杵声,浅沙栖雁自相鸣。西风送响暝色静,久客感秋愁思生。何处征人移塞帐,即时新月落江城。不知今夜捣衣曲,欲写秋闺多少情。"

其八,《宿后陈庄》:"腊冻初开苔水情,烟村远郭漫吟行。滩头斜日凫鹭队,枕上西风鼓角声。一樟寒灯随夜钓,满犁膏雨趁春耕。谁言五福仍须富,九十年余乐太平。"

其九,《送丁逊秀才赴举》:"鹏去天池凤翼随,风云高处约先飞。青袍赐宴出关近,带取琼林春色归。"

其十,《贫女》:"蒿簪掠鬓布裁衣,水鉴虽明亦懒窥。数亩秋禾满家食,一机官帛几梭丝。物为贵宝天应与,花有秋香春不知。多少年来豪族女,总教时样画蛾眉。"

张先让家人取来老父旧作,再次阅读。十首诗就像是一篇篇优美的叙事散文,把几个老人之间相邀作伴,在山水之间徜徉的过程展现得情景交融。张先被深深触动,他反复吟颂着第一首诗《吴兴太守马大卿会六老于南园人各赋诗》的最后两句"他日定知传好事,丹青宁羡《洛中图》",决定创作一幅图像来完成老父在诗中的意愿。于是习画多年、偏好荆浩的张先在这十首诗的促动之下,创作了《十咏图》,并将父亲的十首诗题在了画上。

《十咏图》后来历经坎坷,溥仪的伪满政权覆灭时,此画被窃,此后的50年中不知所踪。1995年,北京故宫博物院终于在北京瀚海拍卖公司的拍卖会上以1800万元人民币的天价将此画竞拍成功,加上10%佣金,最终以1980万元人民币买到了这幅作品,显示了国家对于这件为诗而画、具有传奇性、世所罕见的宋代艺术杰作的高度重视。

宋代金石学到底有多热

◆ 金石学书籍的编撰

随着宋代文化的昌盛，这一时期文人优厚的待遇堪称前无古人，后无来者，文人们得以有机会、有能力、有财力、有时间从事收藏与研究。宋代收藏热、古器物研究热也卓然兴起，一系列金石学著作纷纷诞生。流传至今、且附有大量插图的，有北宋吕大临《考古图》、北宋王黼《宣和博古图》、南宋佚名《续考古图》等。它们在为我们揭示了宋代金石学学术研究特征的同时，也集中反映了宋代金石学的图像呈现水平，以及金石学文化的火热程度。

吕大临（1040—1092），字与叔，金石学家，北宋神宗元祐年间为太学博士。撰《考古图》十卷，收录了当时宫廷及私家所藏的古代铜器、玉器共计223件，除秘阁、太常和内府之外，私人藏家有38家，其中所藏器物最多的是李公麟，他一家所藏多达62件。在《考古图》里，吕大临叙述了其编撰的原委和起因，其中写道："于士大夫之家所阅多矣，每得传摹图写，寖盈卷轴……非敢以器为玩也。"并提出其宗旨在于"探其制作之原，以补经传之阙亡，正诸儒之谬误"，反映了他严谨的学术作风。

《考古图》有着较为完善的分类、著录、考证体例和较完整的内容，所列器物不但每件皆摹绘图形和款识，而且记录尺寸、容量、重量及出处，并加以一定考证，代表了当时宋代金石及古器物研究所达到的最高水平。

李济在《中国古器物学的新基础》中对《考古图》评价很高，他说："这部书的出现，不但在中国历史上，并且在世界文化史上，是一件了不得的事件。在这部书中，我们可以看见，远在11世纪的时候，中国的史学家就能用最准确的方法、最简单的文字，以最客观的态度，处理一些容易动人感情的材料。他们开始，并且很成功地，用图像摹绘代替文字描写；所测量的，不但是每一器物的高度、宽度、长度，连容量与重量都记录下了；注意的范围，已由器物的本身扩大到它们的流传经过及原在地位；考订的方面，除款识外，兼及器物的形制与文饰。"

由于吕大临《考古图》体现了宋人治古器物学的优秀方法，也奠定了后来这一类金石学著作中制图技法的基础，如《宣和博古图》《续考古图》等概莫能外，李济对它的评价是中肯的。

大观元年（1107年，画学创办后的第三年），由朝廷主持、王黼等奉敕编撰的《宣和博古图》开始刊行。编撰者王黼（1079—1126），字将明，官至少宰（右宰相）。此书规模宏大，共计三十卷，编撰格式即以前述吕大临《考古图》为范本，收录了宣和殿所藏商代至唐代的青铜器839件，几乎囊括了宋廷所藏青铜器的精粹，其中的晋姜鼎、齐侯镈钟等都是著名重器。

南宋绍兴三十二年（1162）前后，《续考古图》成书，编撰者已佚其名氏。《续考古图》共五卷，共记载器物100件，其编撰方式是"器类先后不以类从，随见随录"，虽与《宣和博古图》稍有不同，但其中所绘96幅附图的展现风格与《考古图》《宣和博古图》如出一辙。

北宋杰出的文人画家李公麟在钟鼎古器方面的收藏与研究也非同凡响。据南宋邓椿《画继》卷三《轩冕才贤》记载："史称（李公麟）以画见知于世，非确论也。平日博求钟鼎古器，圭璧宝玩，森然满家。以其余力留意画笔，心通意彻，直造玄妙，盖其大才逸群，

《玉璧（庐江李氏）》，吕大临《考古图》卷八

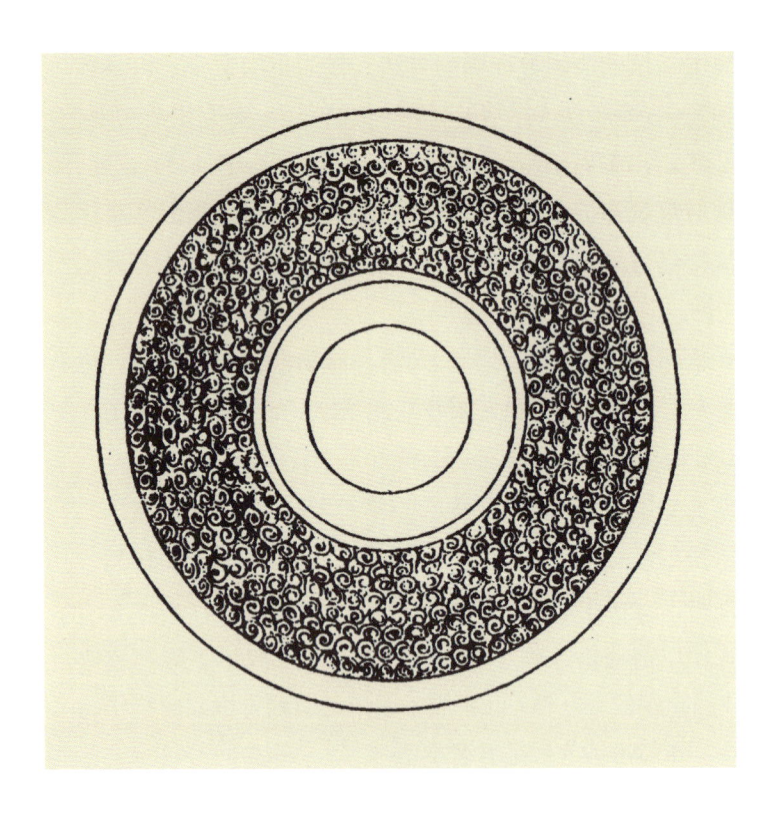

举皆过人也。"北宋蔡絛在《铁围山丛谈》中提出，李公麟曾"取生平所得及其闻睹者，作图状，而名之曰《考古图》"，王黼等"乃仿公麟之《考古》，作《宣和博古图》"。可知此书是参照李公麟《考古图》而作，可惜李公麟的这部书已失传。

《宣和博古图》《考古图》《续考古图》等图文并茂的宋代金石学著作的诞生，可谓11至12世纪的中国乃至世界文化史上的金石学研究、出版与传播的奇迹。

◆ 多种画法，直观展示

宋代画学教育的成功使画家们较为成功地用图像摹绘代替了部分文字描写。《宣和博古图》中将古器分为20类，以图写之，每类有总说，图下列释文，注明每器之大小、尺寸、容量、轻重。在今天看来，虽然《宣和博古图》在考证、音释等方面并不够成熟与准确，但它在编绘上的功绩是不容忽视的。《宣和博古图》的附图多达926幅，没有宋代画学培养出的大量优秀工程绘图人员，要绘制如此众多、精细的工程图像，是不可能的。

古代器物种类繁多，宋代学者针对不同的形状对所绘器物进行具体分析，不同的器物采用合适的绘图法。譬如，运用正视图、45°斜俯透视图、30°斜俯透视图、左右对称俯透视图、展开图、装配图以及描绘复杂器物的线图等。

其中，正视图是利用类似于现代图学中平行投影的画法，表达形状较为简单规范的器物，如壁、磬、鉴等。北宋画家郭熙在《林泉高致》中的《山水训》里说："学画竹者，取一株竹，因月夜照其影于素壁之上，则竹之形出矣。"所谓"照其影于素壁之上"，就是平行投影画法的实际应用。例如，为吕大临《考古图》卷八中的玉璧（庐江李氏），中心对称，刻画细致，若标明其厚度，即可按图制作。

103

欧阳修的非非堂

◆ 醉心山水

欧阳修（1007—1072），字永叔，号醉翁、六一居士，吉州永丰（今江西省吉安市永丰县）人，北宋政治家、文学家，负有盛名。后人将其与韩愈、柳宗元和苏轼合称"千古文章四大家"，与韩愈、柳宗元、苏洵、苏轼、苏辙、王安石、曾巩合称为"唐宋散文八大家"。

北宋庆历五年（1045），欧阳修被贬为滁州太守。这一期间，他常闲游山水，并与山僧智仙结为好友。为便于游览，智仙在山腰盖了一座亭子。建成当天，欧阳修前往祝贺，为之取名为"醉翁亭"，写下了千古名篇《醉翁亭记》。文章写成后，欧阳修张贴于城门，征求意见。开始大家只是赞扬，后来有位樵夫说开头太啰嗦，请欧阳修到琅琊山南门去看山。欧阳修看后，恍然大悟，将开头"环滁四面皆山，东有乌龙山，西有大丰山，南有花山，北有白米山，其西南诸山，林壑尤美"这一连串文字改为："环滁皆山也。其西南诸峰，林壑尤美。"如此一改，不但使文字更为精练，而且使读者的想象空间倍增。

欧阳修堪称千古伯乐，对有真才实学的后生不吝溢美之辞，并竭力推荐，使一大批当时还默默无闻的青年才俊脱颖而出。这其中不仅包括苏轼、苏辙、曾巩等文豪，还包括张载、程颢、吕大钧等大儒。欧阳修一生桃李满天下，包拯、韩琦、文彦博、司马光等，都得到过他的激赏与推荐。"唐宋八大家"之中，宋代五人均出自其门下，而且都是以布衣之身被他相中、提携而名扬天下的。正是欧阳修堪为人师的道德文章，才有了王安石、曾巩，才有了薪火相传的苏门四学士黄庭坚、秦观、晁补之、张耒，因此从一定程度而言，是欧阳修奠基了宋代文化盛世的基础。为纪念欧阳修，苏轼《西江月·平山堂》词曰："三过平山堂下，半生弹指声中。十年不见老仙翁，壁上龙蛇飞动。欲吊文章太守，仍歌杨柳春风。休言万事转头空，未转头时皆梦。"

◆ 自然与古朴是第一追求

宋仁宗明道元年（1032），欧阳修二十六岁，在洛阳任西京留守推官，出于对时局的不满和担忧，他写了篇《非非堂记》，并将堂命名为"非非堂"，即所谓"未若非非之为正也"。

从《非非堂记》以及欧阳修诸多文章中可以看出，他比较怀念古代的生活方式，提倡"世好竞辛咸，古味殊淡泊"（欧阳修《答杨辟秀才书》），向往"辞严意正质非俚，古味虽淡醇不薄"（欧阳修《读张李二生文赠石先生》）中的"古"与"淡"，故而在他的室内设计中，自然与古朴成了第一追求。

"营其西偏作堂，户北向，植丛竹，辟户于其南。纳日月之光，设一几一榻，架书数百卷，朝夕居其中。以其静也，闭目澄心，览今照古，思虑无所不至焉，故其堂以非非为名云。"非非堂中所设的一几一榻均为低坐家具的经典代表，在"丛竹"的掩映下，在"日月之光"的观照下，在"书数百卷"的衬托下，也在"一几一榻"的具体承载下，"闭目澄心，览今照古，思虑无所不至"，生活与设计被结合得如此古雅宁静。

以欧阳修为代表的宋代文人所持的这种生活与家具的观念，对后来的明清文人产生了重大影响。明代文震亨著有著名的《长物志》，其中的设计艺术思想就是对以上观念的重要继承与有机发展。

宋代的不少图像皆有对欧阳修《非非堂记》的形象化解读。现藏于美国圣路易斯艺术博物馆的宋佚名《高士观水图》就具有宋代文人的典型艺术生活化观念。该画绢本设色，纵21.6厘米，横24.6厘米，上面盖有印章多枚。这幅图像采用了南宋常用的"半角"式章法，是属于马远一派风格的作品。在图像中的上半部分景色密集，较实；下半部分为空旷的河水，较虚。此图中最吸引人的是画面右上角低头观流水的高士，只见他双手交叉依靠在水榭的围栏上，曲背低头，静观流水。在高士身后，有一名书童，一张书桌。高士看水，默默不语，似乎在其内心还有些许愁思，这愁思抑或是念乡之情，抑或是感叹人生的易逝，但是这些都不便直白地向世人表达出来，于是他来到水边，欲借流水冲淡自己那五味杂陈的心情。图像中，亭子周围长有虬曲的树木，树枝上的点点笔墨仿佛是春天树木发出的新芽儿。亭前的河水时不时涌动着微波，欢快而奔放。在图像左下角的岸边，有一只喜鹊正在低头喝水，虽着笔不多，但笔墨精到，十分生动。

在此幅《高士观水图》中，我们读出最多的信息正是那位文人的惆怅之绪，也许是迫于现实的无奈，他不得不把无限的愁思寄托在这一片流水之中。而一代文豪欧阳修在宦海沉浮中，又何尝不是如此呢？

三 文人与情怀

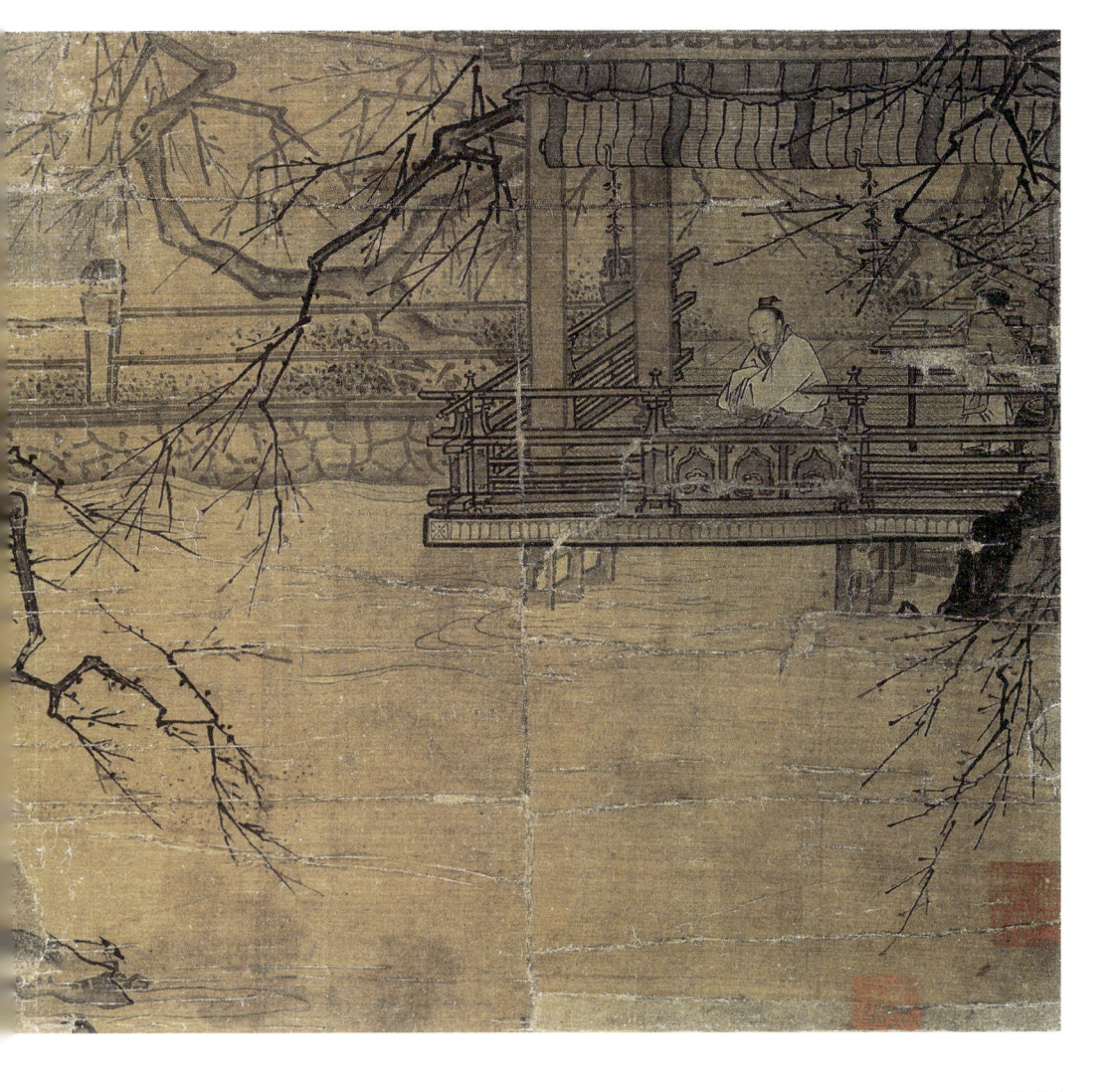

宋佚名《高士观水图》，绢本设色，纵21.6厘米，横24.6厘米，美国圣路易斯艺术博物馆藏

苏东坡长什么样子?

◆ 题在画像上的半生总结

宋代中后期以来,喜爱宋代大文豪苏轼(1036—1101)者尤多,即使在当代,崇拜他的粉丝仍不可计数。但苏轼究竟长什么样?这是一个长期困扰学界的问题,因为争议千年前就开始了。

喜欢苏东坡的人想必都能知晓其《自题金山画像》中的诗句。北宋徽宗建中靖国元年(1101)正月,在苏轼病逝前两个月,得赦北返的他最后一次游览金山寺。在寺里,苏轼看到好友李公麟所画的《东坡画像》还在,那是寺里的住持冒着危险保存下来的。苏轼看着自己的这幅像,想到自己经历北宋仁宗、英宗、神宗、哲宗、徽宗五朝,担任过30多个官职,曾官至正三品,授翰林学士、端明殿侍读学士;辗转奔波于凤翔、杭州、密州、徐州、湖州、黄州、登州、颍州、扬州、定州、惠州、儋州等地,足迹遍布大半个国家;屡遭陷害打压,三次被贬,命途多舛。无尽感慨涌上心头,百感交集,写下了著名的《自题金山画像》,对自己的后半生做了总结:

心似已灰之木, 身如不系之舟。
问汝平生功业, 黄州惠州儋州。

苏轼把被贬谪"三州"自嘲为平生功业,无奈中显出洒脱,可见东坡对好友李公麟为自己所绘的这幅画像是满意的。画是李公麟

（字伯时）十年前所画，那是在驸马都尉王诜的西园雅集时留下的东坡形象。关于苏轼长相，李公麟所绘应是最接近东坡本人的。黄庭坚在《跋东坡书帖后》中对此有明确记述："庐州李伯时近作'子瞻按藤杖坐盘石'，极似其醉时意态。此纸妙天下，可乞伯时作一子瞻像，吾辈会聚时，开置席上，如见其人，亦一佳事。"可惜这幅《金山画像》早已失传。

✦ 文献中记录的苏轼样貌

关于苏轼相貌，现存宋代文献有不少记载，概括起来其相貌具有四个特征：

一、胡须较少。见于南宋邵博《河南邵氏闻见后录》卷三十，其中记载东坡曾取笑秦观多髯，可知他本人胡须较少。清代魏学洢名篇《核舟记》中所说的"峨冠而多髯"的东坡是源自元代才开始的说法。在元杂剧《苏子瞻风雪贬黄州》中，东坡的角色属于中老年男性的"末"。京剧中的"末"均装扮上"大胡子"，再配上"大肚子"，这样就树立起这一类角色的典型。东坡的戏曲形象定型，对后世影响甚大。

二、眉目清朗。见于黄庭坚《东坡先生真赞》中的"眉目云开月静"以及游走于苏门的孔武仲《谒苏子瞻因寄》诗中的"紫瞳烨烨双秀眉"，均说明东坡眉目清朗，也就是眼睛不大、眉毛不浓。

三、脸长而奇。见于米芾《苏东坡挽诗五首》，曰："方瞳正碧貌如圭，六月相逢万里归。"圭是古代帝王或诸侯在举行典礼时手持的一种玉器，上圆下方，体态狭长。可见苏轼长的是长脸。关于苏轼脸型的独特性，他在《传神记》中谈及自己的面部特征时说："吾尝于灯下顾自见颊影，使人就壁模之，不作眉目，见者皆失笑，知其为吾也。目与颧颊似，余无不似者。"由此可见东坡的脸颊很有特点，少有人与他相似。孔武仲《谒苏子瞻因寄》诗曰："华严长者貌古奇。"

元赵孟頫《苏轼像》，纸本水墨，纵27.2厘米，横11.1厘米，台北故宫博物院藏

也是说苏轼脸型的奇特性。

四、身材颀长。见于苏辙诗《次韵子瞻寄贺生日》"弟兄本三人,怀抱丧其一。颀然仲与叔,耆老天所骜。"所谓"颀然",即挺立修长的样子;所谓"仲与叔",指的是在家中兄弟中排行老二、老三的苏轼、苏辙。可见苏轼兄弟二人均身材颀长,个子较高。宋神宗熙宁四年(1071),苏辙(字子由)任陈州(别名"宛丘")学官(州学教授),因陈州学舍低矮简陋,苏轼在杭州作诗《戏子由》,在其中描绘苏辙:"宛丘先生长如丘,宛丘学舍小如舟。常时低头诵经史,忽然欠伸屋打头。"这里苏轼戏说学舍建筑太矮,苏辙个子太高,以至于他伸个懒腰就能碰到屋顶。东坡在写给表弟程德孺祝贺生日的诗《表弟程德孺生日》中说:"长身自昔传甥舅,寿骨遥知是弟兄。"这也是说明东坡与其舅舅(程德孺之父)均是高个子。

近千年来,在画坛上流传着不同版本的东坡画像。其中以赵孟頫的《苏轼像》影响最大,林语堂《苏东坡传》即以之作为扉页画。但是赵孟頫毕竟相距苏轼200余年,所绘画像与宋代文献记载相比,难免存在出入。赵孟頫《苏轼像》符合以上第一、第二的特征,却并不符合第三、第四的特征,即长相不奇、个子不高。

✦ 同时代人画苏轼

在笔者看来,现藏于美国纳尔逊·艾特金斯美术馆的北宋画家乔仲常绘制的《后赤壁赋图》不但是目前所见最早描绘苏轼形象的画作,而且其中所绘的苏轼形象均符合以上四个特征。

乔仲常与苏轼是同时代的人,他擅人物道释故事画,师法李公麟,笔法也近于公麟,但不囿于其法。因此应该熟悉名满天下的苏轼形貌,其所绘形象也应是可信的。他是河中(今山西永济)人,活动于12世纪,生卒年不详。其传世作品《后赤壁赋图》,纸本墨笔,用笔简率生拙,气韵萧散野逸,并分段书写赋文。卷后有北宋宣和五年(1123)八

第一段中的苏轼与友人

月七日赵德麟的题跋，以及武圣可、赵岩的题跋。曾入清乾隆内府，乾隆皇帝御书引首"尺幅江山"四字，被《石渠宝笈初编》著录。

在《后赤壁赋图》画卷中，乔仲常根据赋文内容描绘了苏轼的六段活动，虽然苏轼在其中的形象大小不一，但是识别度较大，由此可见乔仲常的造型能力精深。画卷中的第一、第二、第三、第四段中苏轼的形象较大，可为我们了解他的相貌带来帮助。

第一段中的苏轼与两位友人策杖而行，体态潇洒。正如其左上方的题字中所写"是岁十月之望，步自雪堂，将归于临皋。二客从予过黄泥之坂"，苏轼的个子明显高于两位友人。

北宋乔仲常《后赤壁赋图》，纸本水墨，纵29.3厘米，横560.3厘米，美国堪萨斯城纳尔逊美术馆藏

第二段中的苏轼是六段中形象最大、最为清晰的。他面庞长而奇崛,眉清目朗,蓄有微须。左手提鱼,右手提酒壶,这一段的题字为:"归而谋诸妇。妇曰:'我有斗酒,藏之久矣,以待子不时之需。'于是携酒与鱼。"

第二段中的苏轼

第三段中的苏轼盘腿坐于二友中间，其面部除了具有第二段中的特征，其颧骨似乎较高。在他们的左侧山石上书："复游于赤壁之下。江流有声，断岸千尺；山高月小，水落石出。曾日月之几何，而江山不可复识矣。"

宋式艺术生活

第四段中的苏轼

第四段中的苏轼提起衣襟，潇洒地行于山石之间，面部展现的是其侧面形象，可见其胡须不多。左下角的山石上书："予乃摄衣而上，履巉岩，披蒙茸。"

综上所述，在乔仲常笔下，苏轼形貌的总体特征是面长而奇，眉清目朗，身材颀长，颧骨较高，蓄有微须，体态潇洒。这些特征与文献记载的苏轼形貌颇为相似，又鉴于乔仲常是与东坡同时代之人，并师法东坡好友李公麟，笔法也近之，因此苏轼的形貌以之为据，是可信的。

✦ 画史上的"热门题材"

宋哲宗元符三年（1100年）四月，被贬到海南的苏东坡访友归途中遇雨，他只好从当地农家借了斗笠、木屐。村里的妇人小儿看着装扮怪异、姿态滑稽的东坡，一路相随争笑，群犬也跟着争吠。东坡不以为意，反而自得其乐："笑所怪也，吠所怪也。" 苏轼好友李公麟为此画了一幅《东坡笠屐图》，虽已失传，但这是关于创作《东坡笠屐图》的最早记录。

千百年来的艺术家不断发挥想象，据此创作出各种各样的《东坡笠屐图》，成为画史上的"热门题材"。明代朱之蕃的这幅《东坡笠屐图》，笔者认为，其中的东坡形象是近于宋代文献中所描述的。

明朱之蕃《东坡笠屐图》，纸本设色，纵92厘米，横29厘米，广东省博物馆藏

文人画的奠基者

◆ 不拘一格入艺境

苏轼，字子瞻，号东坡居士，北宋眉州眉山（今四川眉县）人。他不但是唐宋散文八大家之一、北宋词坛豪放派首领、宋代四大书法家之一，还是知名画家，更是文人画理论的奠基人，对宋以后绘画的发展影响巨大。

苏轼之所以后来勤于作画，除了受到好友文同影响之外，更是因为其诗文屡屡酿灾，为了避祸，选择作画这一雅事，既能抒怀又能长久。这使得苏轼从绘画的欣赏者成为创作者，研究日深，艺术风格也逐渐成熟。

苏轼的绘画是典型的文人画，他自称画师法文同，并在其《文与可画筼筜谷偃竹记》中说："若予者，岂独得其意，并得其法。"苏轼的作画多是工余文后，乘兴为之，他与当时的大画家李公麟、文同、米芾、王诜等皆有书画唱和往来，在艺术上互相均有一定影响。

苏东坡是一位非常具有创造力的文人与画家，他甚至尝试过以甘蔗渣画石头，可以想象，以甘蔗渣这种粗糙的"工具"作画，画出来将会是何种效果，估计主要是整体意象的显现，并不在意细枝末节，画者将甘蔗渣产生的抽象化痕迹性特点强化，加以悉心收拾。由此可以看出，东坡作画时并不拘泥于工具，敢于进入大胆挥写的艺术创造，这种另辟新格的作画方式一度被传为美谈。

题材广泛也是东坡作画的一大特点，他在《石氏画苑记》中说："子由尝言，所贵于画者为其似也。似犹可贵，况其真者。吾行都邑田野，所见人物，皆吾画笥也。"甚至都邑田野中的人物均可收入苏轼画囊，成为其描绘对象。北宋文人何薳《春渚纪闻》卷六《东坡事实》记载"于扬州得先生手画一乐工"。宋人邓椿《画继》载，苏东坡曾作"寒林"这类题材的山水，并以书信告诉王定国，曰："予近画得寒林已入神品。"《画继》中又记："兰陵湖世将家收所画蟹、琐屑、毛介，曲隈芒缕，无不备具。"可见东坡画作题材广泛，技艺高超。

◆ 肝肺槎牙生竹石

从苏轼现存的几幅作品，诸如《木石图》《潇湘竹石图》等以及后人对于苏轼画作的评论来看，苏轼尽管在绘画题材上多有涉猎，但最为喜爱的，不过石、竹、松而已。

苏轼善画枯木丛竹，元丰三年（1080）十二月，苏轼作《石氏画苑记》，他在其中说："余亦善画枯木丛竹，因以遗之，使置之苑中。"苏东坡画的墨竹并不以形见长，而是以不俗之气来打动人。黄庭坚为此在其《答人简》一文中进行了客观评价："东坡画竹多成林棘，是其所短，无一点俗气，是其所长。"

苏东坡还尝试以朱砂来画竹子，另辟新格。清代画家戴熙在其《习苦斋画絮》中曾如此转述苏东坡的这则轶事："东坡曾在试院以朱笔画竹，见者曰：'世岂有朱竹耶？'坡曰：'世岂有墨竹耶？'善鉴者因当赏于骊黄之外。"虽然朱竹在现实中并不存在，缺乏现实客体的参照，但是墨竹又何尝不是如此呢？

"东坡朱竹"流传开来之后，后世画家纷纷效仿，不但以朱砂画竹子、松树，甚至还以之画佛像、钟馗等人物画。他们传承苏轼的，均是文人画家在色彩使用上的写意性，即色彩应该为我所用，不但可以"墨分五色",而且可以"朱分五色",不拘一格,方能进入艺术的自由王国。

后来的许多文人画家(特别是元代的)走的也是这一路线,他们受苏轼的影响很深。宋代以后,梅兰竹菊的四君子题材之所以在文人中大行其道,也含有以上原因。东坡朱竹的这种思想对后世影响很大,即使到了现当代,依然给许多画家以启示。

苏轼善画竹,更善于画石,他曾把自己的作品与文同进行比较后指出:"吾竹虽不及,而石过之。"现存的苏轼《木石图》(又称《枯木竹石图》《古木怪石图》等)为绢本水墨,纵26.3厘米,横50厘米,全卷纵27.2厘米,横543厘米。在北洋政府时期曾经方雨楼和白坚夫收藏,后流入日本。2018年11月26日,香港佳士得举行"不凡——宋代美学一千年晚间拍卖专场",苏轼《木石图》以4.636亿港元成交,现为中国藏家藏。

这是现存传为苏轼所绘的最为著名的绘画作品,是北宋文人"墨戏"的代表作之一,也是进入美术史教科书最多的一幅苏轼作品。此图章法简洁,虚空较多,左端画一块石头,卷曲嶙峋,皴擦浑厚。一棵枯树与之相连,右倾的树干盘旋而上,苍劲俊逸,树枝形如鹿角,疏密有致。石后长有几丛嫩竹,树根处长有少许杂草。

此画接纸上有米芾和刘良佐的题诗,在画作与题诗的衔接处,均有南宋收藏家王厚之(1131—1204)的骑缝印。米芾与王厚之都以善鉴书画闻名于当时,米芾和苏轼又有较深的交往,画上虽无苏轼的题款与印章,但是因为有这些题跋作证(米芾书法的真迹流传较多,较好印证),又有王厚之的骑缝印勾锁,说明此二跋不是后配,所以更增加了苏轼真迹的可信度。

米芾观画后,在其《画史》中写道:"子瞻作枯木,枝干虬屈无端,石皴亦怪怪奇奇无端,如其胸中盘郁也。"米芾也是宋代四大书法家之一,也是当时的知名画家与收藏鉴赏家,他深知苏轼的内心世界,说他因为胸中有盘郁不平之气,才画得如此怪奇。

◆ 天工与清新,笔尽而意不止

就绘画的创作数量而言,苏轼是较大的,但他并不卖画,画作主要是赠给他的友人与今天所说的"粉丝"。但令人遗憾的是,苏轼的书画作品流传下来的并不多,尤其是他的绘画作品真迹,流传下来得则更少,主要是因为在当时激烈的党争中被毁掉了。

由于苏轼传世下来的作品寥寥可数,因此他在绘画方面的社会化传播与影响更多的还是在他的文人画理论上。北宋中后期,以苏轼、文同、米芾等为代表的"士人画"应运而生,并在理论上出现了很

北宋苏轼《木石图》，绢本水墨，纵26.3厘米，横50厘米，全卷纵27.2厘米，横543厘米，中国藏家藏

多新发展，其中苏轼对于兴起的文人画潮流有着不可取代的深远影响，他所倡导的的审美境界成为了后世文人画家毕生追求的崇高目标，直到今天依然如此。

现藏于中国美术馆的苏轼《潇湘竹石图》流传有序，图卷上包含了元明26家、共计3000多字的题跋，始于元代湖南收藏家杨元祥，为元惠宗（顺帝）元统二年（1334），止于明嘉靖年间。到了现代，《潇湘竹石图》的收藏者有两位，先是北洋军阀吴佩孚的秘书长白坚夫，

后是邓拓。1964年,邓拓将其无偿捐献给了国家。1984年春,国家文物局组织谢稚柳、启功、杨仁恺、刘九庵、徐邦达等文物专家对《潇湘竹石图》进行鉴定,专家们认定其为苏轼真迹。

根据其中题跋,可知此画描绘的是湖南省零陵县西潇、湘二水交汇处遥接洞庭的苍茫景色。苏轼将花鸟画与山水画有机地结合了起来,体现了不同的意境,开阔而悠远。文人在宦海中很难一帆风顺,坎坎坷坷在所难免。苏轼作《潇湘竹石图》这类图像也许寄寓的正是这种情感。另外,《潇湘竹石图》的构图颇为空灵,具有一种"笔尽而意不止"之境,这也是苏东坡书画所追求的"象外之意"的体现,散发出随遇而安、超逸潇洒的艺术情怀。

北宋苏轼《潇湘竹石图》局部，绢本水墨，全卷纵28厘米，横105.6厘米，中国美术馆藏

◆ 东坡作画二三事

苏轼喜欢即兴创作，不少相关事迹被记录了下来。譬如，元丰七年（1084）七月，他在郭祥正家饮醉后画竹石于壁上，并写有自题诗《郭祥正家，醉画竹石壁上，郭作诗为谢，且遗二古铜剑》。再如，元代大画家吴镇曾在所画的《仿东坡〈风竹图〉》上题记曰："东坡先生守湖州日，游何道两山，遇风雨。回憩贾耘老溪上澄晖亭，命官奴执烛，画风竹一枝于壁间。后好事者刻于石，置郡庠。余游霅上，因摩挲断碑，不忍舍去。常忆此本，每临池，辄为笔游而成，仿佛万一。遂为作此枝以识岁月也。梅道人时年七十一至正十年庚

寅岁夏五月十三日竹醉日书也。"这见于明人钱棻所编的《梅道人遗墨》一书。又据南宋人胡仔《苕溪渔隐》记载:"贾耘老旧有水阁,在苕溪之上,景物清旷。东坡作守时屡过之,题诗画竹于壁间。"耘老是宋代湖州乌程人贾收的字。苏轼任湖州知府时与其交好,二人酬唱极多,贾收家境不宽裕,苏轼经常记挂,并画枯木怪石相赠,甚至在舟中作画寄赠贾收。

东坡常以画赠友人,并附书信。譬如,元丰五年(1082),在《与朱康叔书》中说:"数日前饮醉后,作顽石乱筱一纸,私甚惜之。念公笃好,故以奉献。"在去信《与章质夫书》中说:"某近者百事废懒,惟作墨木颇精,奉寄一纸,思我当一展也。……本只作墨木,余兴未已,更作竹石一纸同往,前者未有此体也。"在《与王定国书》中说:"画不能皆好,醉后画得一二十纸中,时有一纸可观,然多为人持去,于君岂复有爱?但卒急画不成也。今后当有醉笔,嘉者聚之,以须的信寄去也。"

苏轼虽书画皆佳,名重一时,但从不以此牟利,时人称他是"善书而不求售",若有人求他书画,只要谈得来,他一高兴,往往当场挥毫,慷慨相赠。米芾在其《画史》记载,元丰五年(1082),他自湖南过黄州拜访苏轼,东坡一时兴起,"贴观音纸于壁上,当场作两枝竹、一枯树、一怪石",并送给米芾,但是米芾收藏的这些画后来被驸马王晋卿借去,再也不还了。王晋卿也是当时的绘画名家,由此可见他对东坡画作的喜爱程度。再如,据苏轼《书<归去来辞>赠契顺》一文记载,苏轼谪居惠州时,苏州定慧院契顺和尚,特地走了几个月赶到惠州去帮助苏氏父子传递家书。苏轼此时受贬,已很少有人敢同他交往,这时他见契顺如此古道热肠,便一口气写了陶渊明《归去来辞》相赠,二人成为挚友。

宋代四大书法家之一的黄庭坚特别喜爱苏轼的枯木竹石画,曾为苏轼这一题材的画作创作题画诗多达四题五首,如《题子瞻墨竹》:"眼入毫端写竹真,枝掀叶举是精神。因知幻化出无象,问取人间老斫轮。"《题子瞻枯木》："折冲儒墨阵堂堂,书入颜杨鸿雁行。胸中元自有丘壑,故作老木蟠风霜。"《题子瞻画竹石》："东坡老人翰林公,醉时吐出胸中墨。"黄庭坚对于苏轼枯木竹石画的"幻化出无象""胸有丘壑""胸中墨"给予了高度评价。苏轼的同僚们也喜爱他的书画,甚至有人热衷于收集他的办公文书,东坡"粉丝"之多,可想而知。

在宋代,请他人在画上题跋是轶事美谈。有一次,苏轼在杭州宴请宾客。官妓的表演助兴,使他画兴大发,于是在一种名贵的小凤团笺上画了一幅墨竹,赠给了官妓,还让她去找他的好友、大名鼎鼎的诗僧道潜(参寥)题跋。后来这位官妓找到了道潜,他才思敏捷,即兴在画上题了一首诗,诗曰:"小凤团笺已自奇,谪仙重扫岁寒枝。梢头余墨犹含润,恰似梳风洗雨时。"首句夸赞团笺的材质出奇,后三句写苏轼的寒竹水墨淋漓,富于生机,深化了苏轼竹画的意蕴。这种诗书画的有机融合,在宋代颇具代表性,也使得这种文人墨戏成为朋友之间交往的润滑剂,风靡一时,影响深远。

民间甚至还广为传颂苏轼在杭州办案时写画团扇救人离难之事。据稍晚于苏轼的北宋人何薳《春渚纪闻》卷六《东坡事实》记载,苏轼任杭州知州时,有位绫绢商状告一位制扇工匠欠他两万绫绢钱不还,苏轼便派公差传唤制扇匠到公堂受审。该工匠跪禀道:"我的确借了他价值两万钱的绫绢,但前不久父亲去世,丧葬费用花费了许多。今年开春以来,杭州连日阴雨,扇子卖不出去,一时拿不出钱来还账,并不是故意拖欠。"苏轼听后,觉得他很值得同情,可绫绢商的诉讼也是合理合法的。正在为难之际,他灵机一动,于是对制扇匠说:"回家取20把白团扇来。"那人赶忙回家抱来扇子。苏轼拿起判案的毛笔,在扇面上写画起来,有的题字,有的画画,完成后告诉制扇匠拿到衙门口去卖,每把一千钱。这人刚出衙门口,就被人围了起来,20把扇子一抢而光,甚至"好事者争以千金取一扇,后至而不得者至懊恨不胜而去"。于是制扇匠有钱还给绫绢商。苏轼此举使制扇匠全家感激涕零，更是得到了时人赞誉而成为画坛美谈。

✦ 海南逸事

北宋哲宗绍圣四年（1097）六月，已61岁的苏轼被贬至海南，在第三子苏过的陪伴下蛰居3年。东坡在天涯海角的逆境中，并不气馁，而是以苦为乐，努力与当地人和睦相处，结交朋友，还做了不少好事，为后人津津乐道。东坡在海南作诗文多达数百篇（首），记载海南见闻，他甚至把自己视为当地人，作诗曰"我本海南民，寄生西蜀州"。

苏轼到达儋州后，与当地文人一起凑钱修建了载酒堂，并常常在此地传播诗书，成为那时海南一道突出的文化风景；苏东坡见当地百姓习惯饮河水、塘水，易得病，就亲自在居所桄榔庵附近挖井，这就是位于今天儋州中和镇西南隅坡井村旁的"东坡井"，当地百姓纷纷效仿挖井，饮用井水，疾病大量减少；渔民将当地特产牡蛎送给东坡，这位美食家凭借高超手艺，做成"东坡蚝"，还作文《食蚝》自夸："剖之，得数升，肉与浆入与酒并煮，食之甚美，未始有也"；海南多松树，苏东坡于是自己制墨，"墨灶火大发，几焚屋，救灭，遂罢。作墨，得佳墨大小五百丸，入漆者几百丸，足以了一世著书用"，东坡在海南采松制墨的消息传至大陆，杭州墨商潘衡不远千里前来切磋制墨法，并在工艺上逐渐完善，加入沉香等海南特有香料，提升墨质，后人以"东坡墨"命名。

米家有只书画船

◆ "米颠"效晋人

北宋大书画家、鉴定家米芾（1051—1107）具有高超的政治智慧与人生智慧，在波澜起伏不断的北宋后期政坛，他未曾卷入党争与集团漩涡，一生相对安定。

苏轼被贬黄州时，比苏轼小14岁的米芾专程去拜访求教。东坡劝他学晋人，还赠画给他，使他深受启发。自宋神宗元丰五年（1082）始，米芾潜心魏晋，以晋人书风为旨归。后来，苏东坡评价米芾："海岳平生篆、隶、真、行、草书，风樯阵马，沉着痛快，当与钟、王并行。"

从此之后，米芾寻访了不少晋人法帖，觅到东晋王羲之《王略帖》、谢安《八月五日帖》、王献之《十二月帖》，自题书斋名为"宝晋斋"。宝晋斋所藏晋唐真迹，米芾无日不展于几上，手不释卷临学之，夜必收于小箧，置于枕边乃眠。

米芾的书法影响深远，尤其在明末，学者甚众，祝允明、陈淳、徐渭、王铎、傅山等大家，均从米字中吸取营养，而且这种影响一直延续至今。著名的《蜀素帖》是米芾的行书代表作之一，被誉为"中华第一美帖"。

在为人处世上，米芾脱俗不羁，被时人戏称为"米颠"，世间流传了很多逸闻轶事。比如他极其爱砚台，甚至到了在宋徽宗面前不顾仪态而索要砚台的地步；他学穿晋人衣冠，因为帽子太高，坐

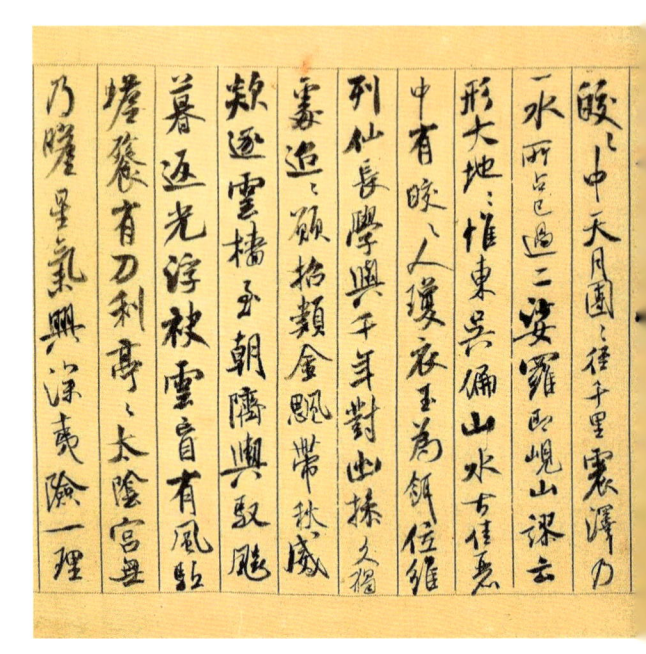

轿的时候不脱掉帽子，反而去掉了轿顶；他还有严重的洁癖，赵构《翰墨志》中记载他的朝靴不小心被人碰了，结果"心甚恶之，因屡洗，遂损不可穿"，回家洗靴子直到把靴子洗破了才作罢；《宋史》第二百三《文苑六》中记载了米芾拜石为兄的故事："无为州治有巨石，状奇丑，芾见大喜曰：'此足以当吾拜！'具衣冠拜之，呼之为兄。"

✦ 米氏云山的模糊美

米芾所创山水画独辟新径，与苏轼一起成为北宋文人画派的创始人。

据邓椿《画继》卷三《轩冕才贤》记载，米芾在晚年被宋徽宗召为画学博士，得到"便殿赐对"的机会，呈上其子米友仁所作《楚山清晓图》，赵佶大悦。

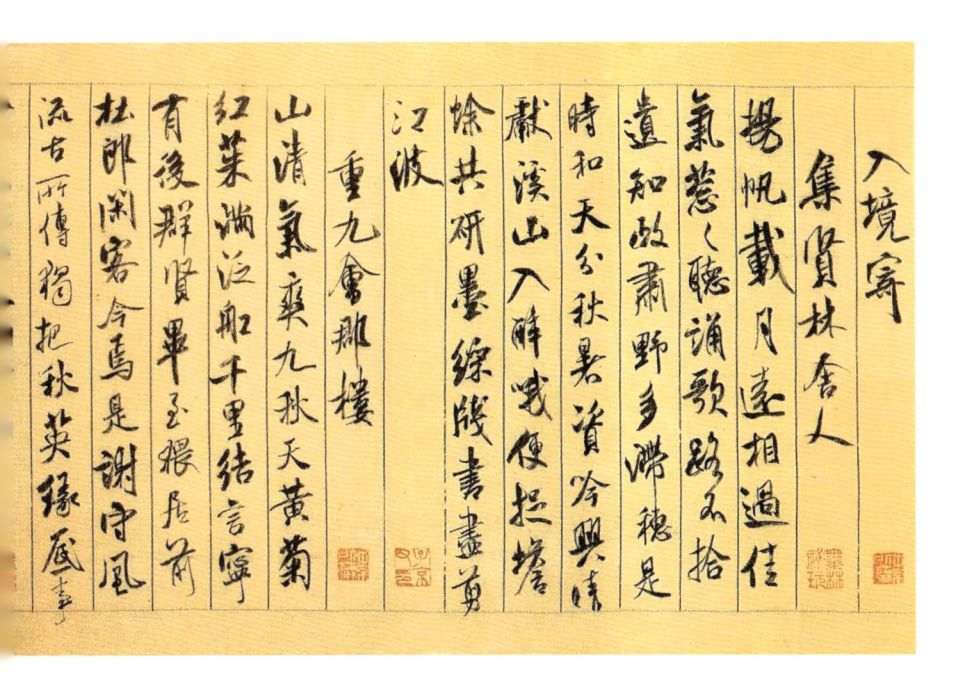

北宋米芾《蜀素帖》局部，绢本，全卷纵27.8厘米，横270.8厘米，台北故宫博物院藏

米友仁，米芾的长子，他承继并发展了米芾的山水技法，奠定"米氏云山"的特殊表现方式，父子二人有大小米之称。米友仁在五十岁的时候创作的《潇湘奇观图》，以长卷形式展现了江南云雾缭绕、充满灵动的湖光山色。

特别值得注意的是，自米氏云山之后，中国山水画开辟了一条以模糊美作为意境审美的道路，无论是"夜雨欲霁，晓烟既泮"，还是"千变万化不可状"的"神奇之趣"均在于此。模糊美的根源在于对于虚的掌控，而虚的景象更多形成于清晨、黄昏，伴随的元素是雨、雪、云、雾，使用的最好的材料是水与墨。米氏云山正是在这些方面着力甚多，大大小小的"落茄点"随意组成，虚虚实实，实实虚虚，缥缥缈缈，朦朦胧胧。米氏云山使山水画成为一种文人墨戏，确立了文人画的审美视角和情感意境。

模糊性是人们认识中的一种不确定性。在艺术作品中，人类对

宋式艺术生活

南宋米友仁《潇湘奇观图》局部，纸本水墨，全卷纵19.8厘米、横289.5厘米，北京故宫博物院藏

模糊思维的利用由来已久，模糊思维是艺术思维中的重要组成部分，人们获得了许多模糊性带来的审美恩惠。米氏云山在引导中国人的模糊思维方面具有很大贡献。宋代以后的山水的意境，乃至笔墨的衡量标准，无不建立在模糊之美上。"二米"对后世的南宗山水画产生了深远影响，元代的赵孟頫、元四家、高克恭以及明代沈周等大师名家都受其影响。自此，文人画长盛不衰，至今遗风犹存。

✦ 特立独行的文艺生活

米芾宦游广泛，有机会与权臣、宗室、官宦、文人及书画家交往，拓展了他的艺术眼光。后当上画学博士，得以饱览内府藏品，对古人艺术得失如数家珍，书画创作的境地自然不落俗套。

米芾在宦游外出时，往往携心爱的书画同往，若坐船，便书一大旗"米家书画船"立于船上，并在船上挥毫创作。这在当时是一件异于常人的图像传播新闻事件，"米家书画船"之轶事不胫而走，传为美谈。黄庭坚为此还作《戏赠米元章》诗曰："万里风帆水接天，麝煤鼠尾过年年。沧江尽夜虹贯月，定是米家书画船。"其中的"麝煤"指的是麝墨，即含有麝香的墨，后泛指名贵的香墨。"鼠尾"指的是鼠须笔，这首诗将"米家书画船"视为书画收藏的风流雅事，为文人所津津乐道。

宋哲宗元符二年（1099），米芾由涟水军使改任蔡河拨发运。两年后，任江淮发运司属官，负责管理水陆船车物资运输和粮食调度。看来，对于"米家书画船"的文化创举，一向特立独行的米芾具有职务上的便利条件。

蚕织图里看民生

◆ 表现农桑生产的"配诗连环画"

蚕织是中国古代民生的重要内容。宋代《蚕织图》是描绘当时蚕织情况的重要图像，绢本设色，纵27.5厘米，横513厘米，乾隆时被收入清宫，且著录于《石渠宝笈》。后被溥仪带至东北，抗日战争胜利时流落于民间，解放后入藏黑龙江省博物馆。

现存的《蚕织图》无题诗，但每段画面下有宋高宗的吴皇后楷书题写的标题，内容涉及节气和生产周期。有的标题下或旁注以小字，补充或阐释画面内容。据其卷尾跋语可知，这幅画卷为南宋翰林图画院画家对於潜县令楼璹所进图卷中《织图》的摹本，题签为《宋人蚕织图》。

楼璹，字寿玉，浙江鄞县（今浙江宁波）人，约生于北宋元祐五年（1090），卒于南宋绍兴三十二年（1162），初为婺州（今浙江金华）幕僚，绍兴三年（1133）任於潜（今浙江临安）县令。他关心民间事务，有感于农夫、蚕妇耕织之苦，于是"究其始末，为耕织二图"。楼璹因课劝农桑成效显著而得上闻，又经近臣的推荐，宋高宗赵构召见了他，他趁机呈献上《耕织图》45幅，详细描绘农耕和蚕织生产全过程，受到高宗嘉奖。赵构还将《耕织图》宣示后宫，并授意画院画家进行摹制，使得一时朝野上下竞相传诵《耕织图》。

可惜这两套图原本今已不存，南宋吴皇后题注本《蚕织图》是

至今留存的最早版本。楼璹所进的图卷分耕图与织图两部分，耕图部分共绘二十一图，织图共绘二十四图，每图皆系五言八句诗一章。《蚕织图》描写的是南宋初年浙东一带蚕织户由"腊月浴蚕"开始到"下机入箱"为止，共二十四段：腊月浴蚕；清明日暖种；摘叶，体喂；谷雨前第一眠；第二眠；第三眠；暖蚕；大眠；忙采叶；眠起喂大叶；拾巧上山；簇簇，装山；燲茧；下茧，约茧；剥茧；秤茧，盐茧瓮藏；生缫；蚕蛾出种；谢神供丝；络垛，纺绩；经靷，籰子；挽花；做纬，织作；下机，入箱。

整体看来，《蚕织图》的线条清劲简练，设色淡雅，人物造型准确，界画工整，是一件洋溢着浓郁生活气息的生产图像。全卷共绘74人，这些参与劳作的男女长幼皆服宋装，其神态举止，惟妙惟肖。《蚕织图》运用的手法十分写实，人物的服饰、发式、动作，建筑中的斗拱、房瓦、户牖，室内陈设中的凳、桌、高橱、矮榻、灯架等家具，养蚕器具如匾、匾架、挑筐、梯子、笼、釜、瓮，纺织器具如缫车、提花机，做纬、络垛、纺绩等，衣架一般的经靷，绕丝工具籰子等，莫不忠实于原物，造型简明质朴，甚至可以按照其结构来制造。屋外的桑树、松树等树木也刻画得一丝不苟。这样的生产劳动场景，即使是优秀的画家，非经实地详细考察，熟悉其描绘对象及其劳动过程，也是画不出来的。

暖簇　　三眠　　二眠　　頭眠　　餧蠶

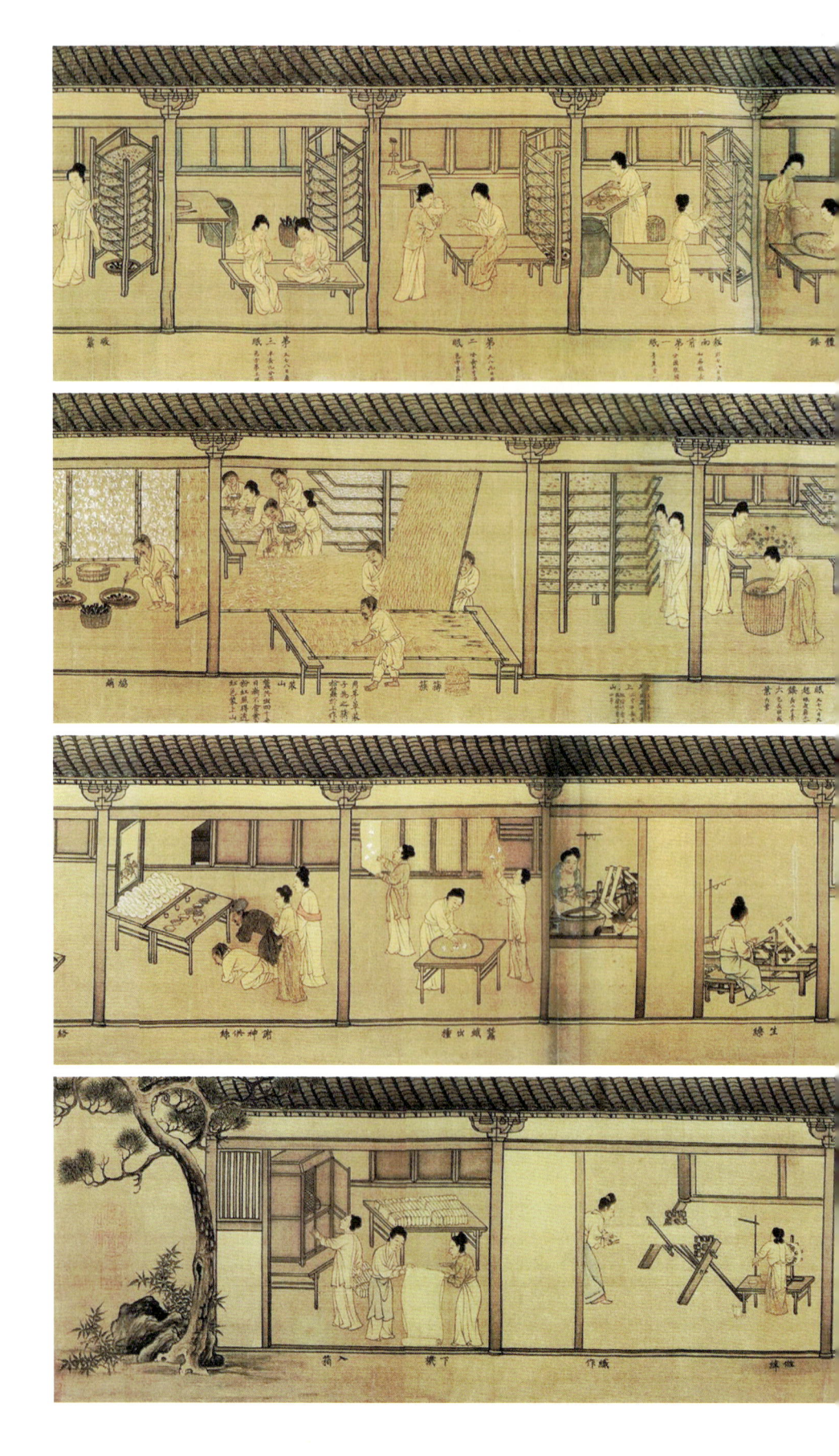

捉績　　蠶簇　　筛蠶　　上簇

分繭　　謝神供絲　　蠶蛾出種　　生絲

入箱　　下機　　織作　　挽綞

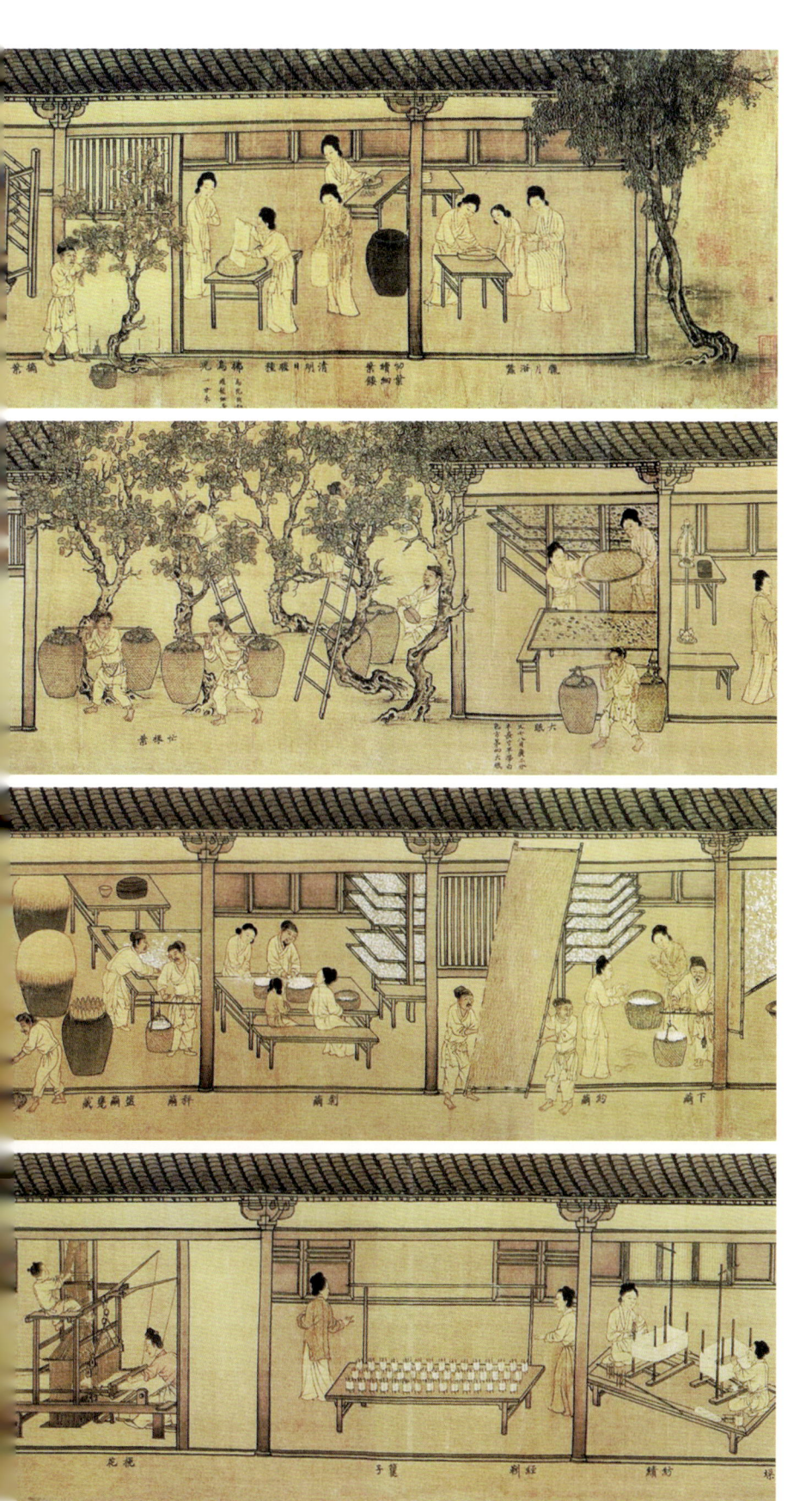

南宋佚名《蚕织图》，绢本设色，纵 27.5 厘米，横 513 厘米，黑龙江省博物馆藏

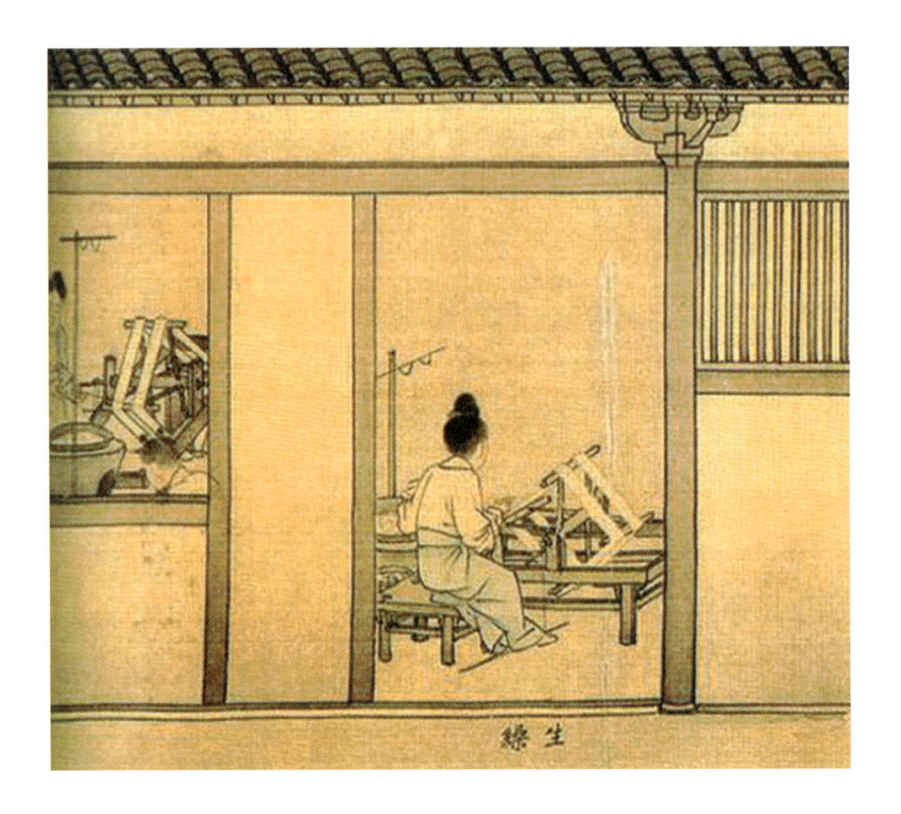

南宋佚名《蚕织图》"生缫"段所绘的操作缫车

✦ 画作背后的政治考量

实际上，宋朝对于农家耕织图像的推广是由来已久的。譬如，北宋仁宗宝元年间（1038—1040），宋仁宗命人将农家的耕织情况绘于皇宫的延春阁壁上。宋高宗曾说及此事："朕见令禁中养蚕，庶使知稼穑艰难。祖宗时，于延春阁两壁，画农家养蚕织绢甚详。元符间因改山水。"

后来，这种耕织图像由宫廷发展到民间，成为一种介绍和传播农业生产技术的手段。"南宋四家"之一的刘松年在南宋宁宗时（1195—1224）因进献《耕织图》，得到皇帝的奖赏，并被赐予金带，荣光之极。刘松年后来还画过《丝纶图》《田园乐图》等。宋代郡县治所大门的东西壁，皆绘耕织图，使民得而观之。

《蚕织图》所绘当时蚕桑丝绸生产其工艺完善，设备先进，说明古代蚕桑丝绸生产技术至此已定型，后来并无大变。譬如，《蚕织图》"生缫"段中，描绘了一位妇女坐在矮凳上，正在操作缫车。她不断地以脚踏动踏杆作上下往复运动，驱动与丝軠的曲柄连杆的传动装置，使丝軠曲柄作回转运动，利用丝軠回转时的惯性连续回转，带动整台缫车运动。缫车的一侧竖竿上横挑一竿子，上装有两个锁星（鼓轮），如此一来，丝可以被连续地缠绕在线轴上。图像中所绘的这种脚踏缫车较为低矮，操作简便。秦汉时手摇缫车已逐步普及，《蚕织图》中的脚踏缫车是从手摇缫车的基础上发展出来的，比传统的手摇缫车先进，操作者可腾出手来进行理绪和添绪动作，这样就提高了缫丝的产量。脚踏机构应用于缫车，大约出现在唐宋之间，是手工缫丝机械方面的重大进步。

宋代的著名文人多关心民生。譬如，苏东坡《书刘景文所藏宗少文一笔画》诗云："宛转回纹锦，萦盈连理花。何须郭忠恕，匹素画缫车。"可见五代画家郭忠恕曾画过《缫车图》，但究竟是手摇缫车还是脚踏缫车，尚需考证。东坡弟子秦观则著有《蚕书》，全书11章，915字，是秦观根据其妻养蚕经验，并参考兖州地区的养蚕方法写成。通过《蚕织图》中的缫车图像，结合《蚕书》一类的宋代文献，可更为具体地了解与研究宋代丝织业的生产状况。

西园雅集千古传

◆ 以书画会友，以清音交心

宋代文人画家经常雅集交流。贵为驸马、也是绘事高手的王诜（1048—1104）就常邀苏轼、黄庭坚、米芾、李公麟、晁补之等好友在家里的西园聚会，饮酒、作诗、写字、画画、听阮、谈禅、论道，每每尽兴而归。据说大画家李公麟为此绘制了两幅《西园雅集图》（现存有各种摹本）。米芾还专门写了一篇《西园雅集图记》，其中关于出席者的生动描述，如"乌帽黄道服捉笔而书者，为东坡先生；仙桃巾紫裘而坐观者，为王晋卿""（圆通大师与刘巨济）二人并坐于怪石之上，下有激湍潆流于大溪之中，水石潺湲，风竹相吞，炉烟方袅，草木自馨"等，莫不栩栩如生。

诗词唱和，琴棋书画，清音飘逸，幽然旷达，《西园雅集图》所描绘的宋代文人雅士的文化生活，既能各自独立欣赏，又能成为整体感悟。苏轼、米芾、王诜、李公麟等相互唱和，彼此交游，以书画会友，以雅趣交心，构成了中国文人业余生活的典范。

西园雅集的方式不断得到后人欣赏，常被摹写，成为最负盛名的人物画题材之一，也成为美术史上的一段佳话。南宋著名画家马远的《西园雅集图》，十分精彩，具有马远自己对于"西园雅集"这一命题的独到理解，现藏于美国纳尔逊·阿特金斯博物馆。南宋刘松林也画过《西园雅集图》，画面中十六人分四组：王诜、蔡肇

右页图：南宋刘松年《西园雅集图》，绢本设色，纵27厘米，横279厘米，台北故宫博物院藏

三 文人与情怀

和李之仪围观苏轼写书法，秦观听陈景元弹阮，王钦臣观米芾题石，苏辙、黄庭坚、晁补之、张耒、郑靖老观李公麟画《陶潜归去来图》，刘泾与圆通大师谈无生论。

六朝的《竹林七贤图》《兰亭修禊图》也反映了东晋文人的雅集，六朝与宋代虽然相隔数百年，但文人的某些情结却是相似的。直到今天，这几个文人集会的故事还时常会出现在画家的创作中，足见其流传之广，传播力度之大，深入人心之深。

秦观听陈景元弹阮

◆ 文人的心灵归宿

中国文人深受儒、释、道三家思想的影响：仕途顺利、人生得意时，儒家思想起主导作用；仕途坎坷、人生失意时，佛老思想起到重要支配作用。

到了宋代，文人更是形成了一个重要的阶层与力量，上至帝王、贵族，下至平民百姓，都受到这一阶层的巨大影响。然而宋代党争十分激烈，以苏轼为代表的一批精英文人面对错综复杂的政治与社会动荡局面，心理压力十分沉重，常感富贵无常、人生苦短、世事易变，迫切需要得到心灵的慰藉，在这时候佛老思想能够释放出巨大的作用力，使广大文人的心灵得到安抚。在与山林、造化的对话中，他们似乎感受到天一合人的境界，物我交融，"仰观宇宙之大，俯察品类之盛"，感悟到人生的本质与生命的真谛，最终超然于物外。而达到了这一境界后，再回首仕途的不顺与挫折，则"一笑寄平生"。有了这种超脱的心境，在仕途中，他们也可以平静地面对各种打击与坎坷，苏轼就有《自赞》诗云："试问平生功业，黄州惠州儋州。"

王钦臣观米芾题石

因此，文人的雅集不是简单的聚会，不是享受吃喝玩乐，听听吹拉弹唱而已，雅集体现更多的是文人们心灵深处的碰撞，知音的寻觅，以及借助于琴棋诗画等高雅艺术媒介而寄情于山林自然中。即使在都市中，也会将园林布置得"虽自人作，宛若天成"，王诜的西园就是这样一个典型的代表。

同时，宋代文人也很关心如何在激烈的政治漩涡中使身心不受污染。他们不可能像东晋文人那样隐于山林，只能游走于仕与隐之间，笑称"大隐隐于市"，甚至"要作平地家居仙"（苏轼《与子明兄》），既借助于佛老哲学看破生死以化解人生之苦，也借助于儒家哲学学会在恶劣的仕途中保持人格的清醒与独立。

书画雅集作为典型的自由创作，之所以在后世的传播中大受推崇，一方面是因为中国的文人情结依然存在，另一方面是因为社会的竞争与人才的碰撞始终是亘古不变的变化之道。所以看破得失，认识进退，似乎永远是中国文人社会的重要命题。

三 文人与情怀

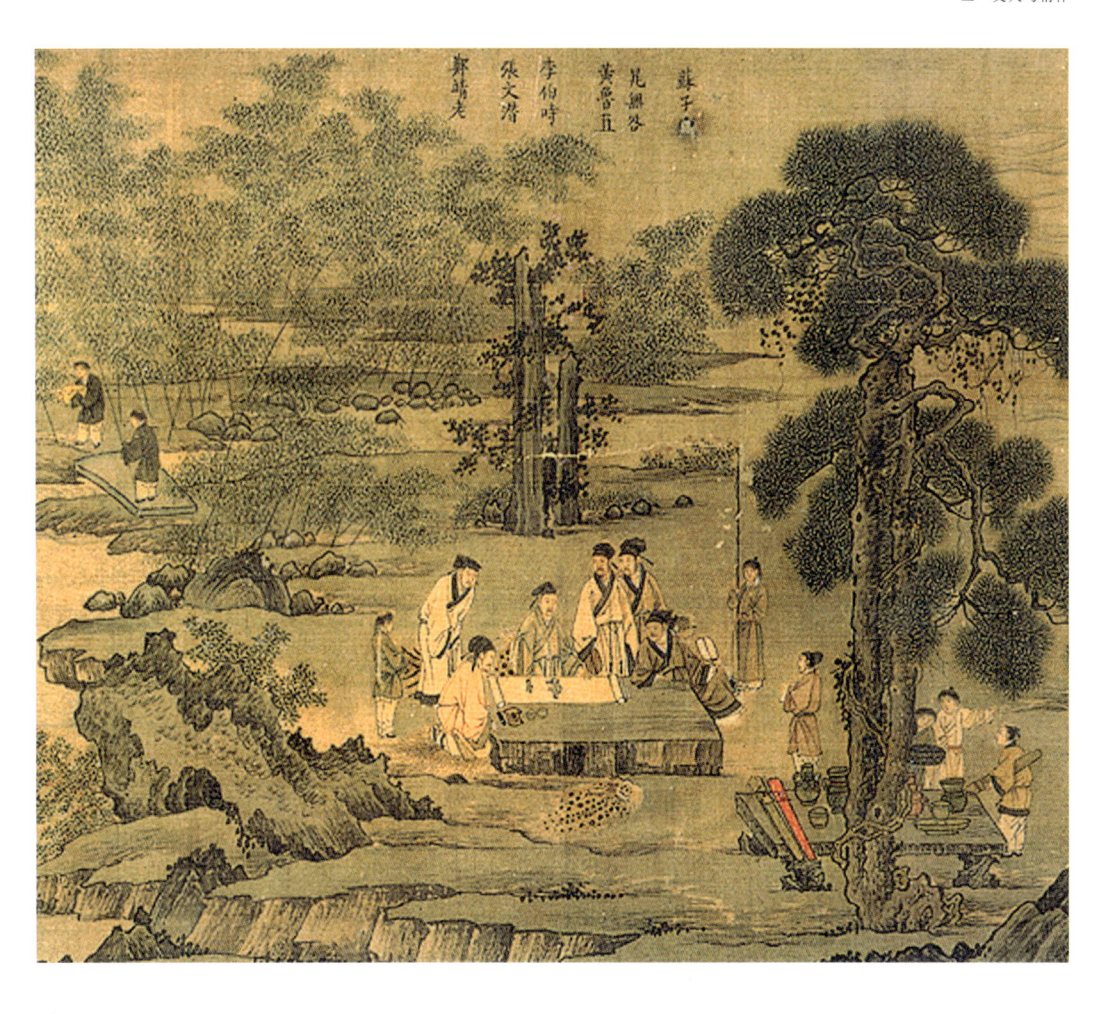

苏辙、黄庭坚、晁补之、张耒、郑靖老观李公麟画《陶潜归去来图》

刘泾与圆通大师谈无生论

145

四 主题与技法

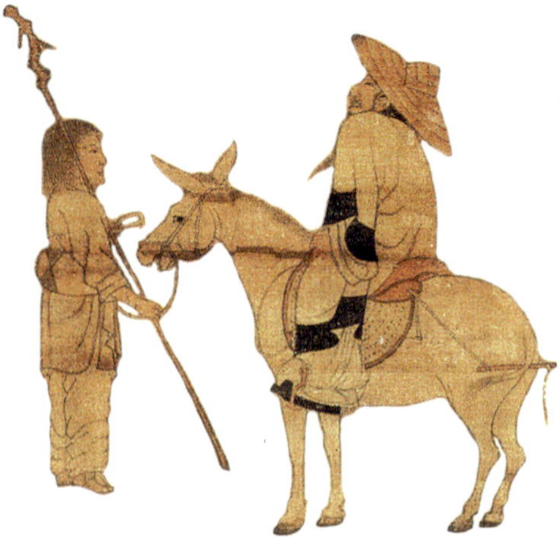

光耀画史的大师们

◆ 性爱山水,弄笔自适

李成(约919—967),字咸熙,先世是唐朝宗室,家族显赫。至于唐末、五代,李家因避乱从苏州迁往营丘(今山东昌乐),故时人又称李成为李营丘。李家传到李成这代时,已家道中落。李成学儒问道,广涉经史,磊落有才,学识渊博,他的画也是格调甚高,精妙绝伦;可惜怀才不遇,学问无处施展,只能放浪形骸于诗、酒、书、画之间,吟游于江湖之上,最后醉死在陈州(今河南淮阳)客舍。

李成性情孤傲,不趋炎附势,不卖画,也不以此结交权贵,只自娱自乐而已。据传有位姓孙的显贵一向附庸风雅,酷爱李成的画,盛情写信邀请李成来其处作画。李成看不起这类人,果断拒绝。这位显贵被李成拒绝,很生气,于是想方设法,通过重金贿赂李成的好友,辗转得到了数幅李成的画,得意洋洋。其后,王公贵戚们都"驰书致币,恳请者不绝于道"。虽是如此,李成对于这些事,均不放在心上。据北宋刘道醇《圣朝名画评》卷二《山水林木门第二》记载,李成曾说:"性爱山水,弄笔自适耳,岂能奔走豪士之门?"

李成高傲孤寂的性格也在他的画作中体现明显。李成的山水画师承五代山水大家荆浩、关仝,并有所发展。在题材上,李成善于表现郊野平旷之景,喜画寒林,树姿奇异,画法简练,笔势锋利;在笔墨上,作画不用粗笔,不用浓墨,好用淡墨,惜墨如金,清雅

宋式艺术生活

秀润。米芾《画史》说："李成淡墨如梦雾中，石如云动。"李成传世的代表作《读碑窠石图》中，残碑、枯树、苍石、荒野，气氛凝重，蕴含哲理，借寻幽探古而感怀。

李成画风在北宋的影响巨大，《圣朝名画评》把李成的画列为"神品"，并赞叹其画"咫尺之间，夺千里之趣"，《宣和画谱》则将李成的山水画赞扬得几乎无以复加，认为"于是凡称山水者，必以成（李成）为古今第一"。

李成生前已享有声名，去世之后画名更盛。宋真宗每见李成作品，必赞叹之；宋神宗也十分喜爱李成的画，曾派人收购市场上的李成作品，甚至请李成的孙女进宫鉴定真伪，但仅辨识出其中四张是真迹。李成作品的稀缺，导致作伪造假者纷至沓来。米芾在《画史》中说他看到的李成真迹"只见二本，一松石，一山水"，但是看到的伪作竟多至三百本，以至于慨叹"无李论"。

◆ 写山真骨，与山传神

范宽（约950—1027），字中立，陕西华原（今陕西耀县）人。范宽师承五代山水大家荆浩，与关仝、李成形成了五代、北宋北方山水画的三个主要流派，被誉为"三家鼎峙，百代标程"，后世学其画法者众多。

《宣和画谱》卷十一《山水二》记载了范宽的艺术创作历程，说他始学李成，既悟，乃叹曰："前人之法，未尝不近取诸物。吾与其师于人者，未若师诸物也；吾与其师于物者，未若师诸心。"于是，另辟蹊径，移居终南、太华诸山中，观山览水，以求其趣，面对造化，领会天机，朝夕沉吟于林莽之间，览云烟惨淡、风月阴霁难状之景，默与神遇，终成一代大师。

范宽最为著名的传世代表作为《溪山行旅图》，曾被收藏于北宋皇宫。北宋灭亡后，皇宫里的大量珍宝绘画流散于民间，其中也

左页图：北宋李成、王晓《读碑窠石图》轴，绢本水墨，纵126.3厘米，横104.9厘米，日本大阪市立美术馆藏

宋式艺术生活

北宋范宽《溪山行旅图》，绢本水墨，纵 206.3 厘米，横 103.3 厘米，台北故宫博物院藏

包括《溪山行旅图》。后被明清两代收藏家珍藏流传至今,画上的印鉴多达 22 枚,而乾隆一人的就多达 6 枚,可见其珍爱程度。

《溪山行旅图》是范宽运用"高远法"的典型之作,语言朴素,全用水墨在绢本上绘制,但气势雄强磅礴,一座巨大的山峰几乎占满画面,令人顿生"高山仰止"之感。范宽将自己在北方终南、太华诸山中长期生活的感受以精湛的语言、雄健的气魄、概括的章法展现出来,写出山水之神。《溪山行旅图》不但是范宽的代表作,也是中国绘画史中的杰作。

《溪山行旅图》受到了历代评论家的卓越评价。譬如,1935 年,我国现代画坛的一代宗师徐悲鸿先生曾在《故宫所藏绘画之宝》一文中高度评价《溪山行旅图》:"中国所有之宝,吾所最倾倒者,则为范中立《溪山行旅图》,……章法突兀,使人咋舌!"在现存的徐悲鸿著述中,十余次提到范宽。

◆ 胸中有千驷,画肉兼画骨

李公麟(1049—1106),字伯时,安徽舒城人。北宋神宗时进士,以文学得名于时,官至朝奉郎。宋哲宗元符三年(1100)以病告老归安徽龙眠山,故世人也称其为李龙眠。李公麟不是职业画家,作画全凭爱好与兴趣,一生作画勤奋,作品数量多,题材范围广,佛道仙鬼、仕女人物、鞍马走兽、花卉翎毛、山水馆阁,均有涉猎。堪称当时人物画的第一高手,为北宋文人画家的代表之一。李公麟曾画汉代将军李广,描绘他夺了胡人的马逃回来,在马上引弓瞄准追骑,箭锋所指,人马应弦而倒。李公麟说,如果是旁人画就要画箭射中追骑了。

《五马图》长卷是李公麟鞍马题材的现存代表作,画面上形态各异的五匹马,或立或行,十分生动。马旁各画一人牵引马的缰绳,两位是汉人,三位是外族,其服饰、神情各有不同。此画虽无作者款印,

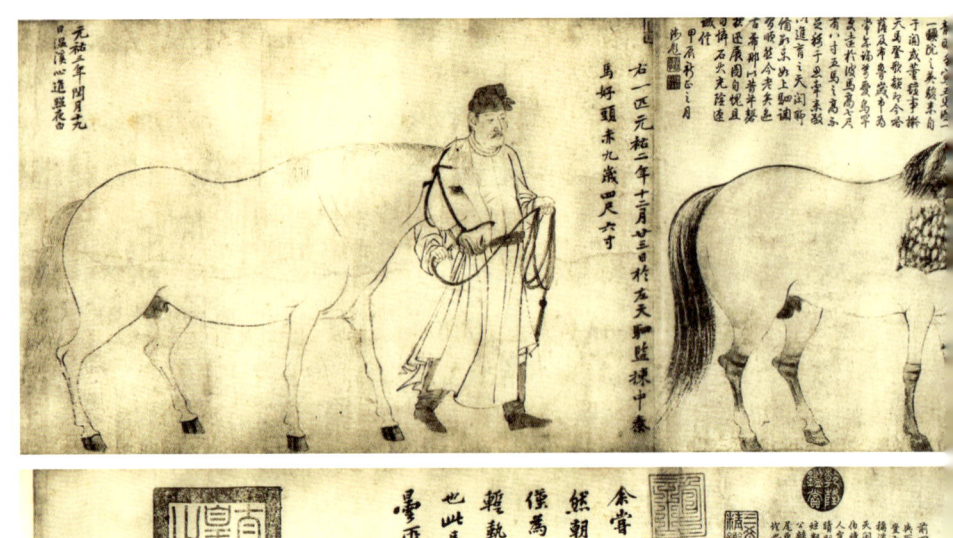

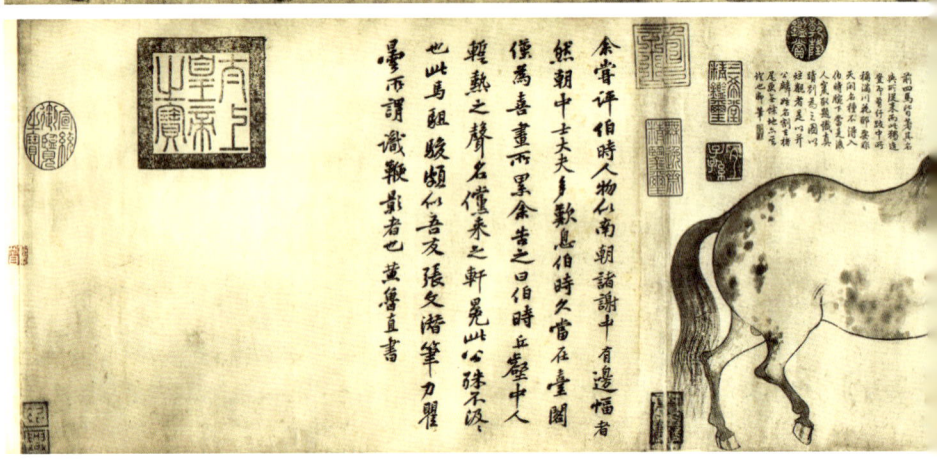

但前四马均有北宋大书法家黄庭坚以行书题写的马名、产地、年岁、尺寸、进贡年月等信息，卷末还有黄氏的题跋，表明为李伯时（公麟）所作。因此可以判定此画是李公麟最为可靠的传世精品。李公麟所画的是北宋元祐初年天驷监中，外邦进献哲宗皇帝的五匹西域名马：凤马骢、锦膊骢、好头赤、照夜白、满川花，牵引它们的是各自的奚官（即马官）。

李公麟善画马，"每欲画，必观群马，以尽其态"。苏东坡曾有诗云："龙眠胸中有千驷，不惟画肉兼画骨。"《五马图》主要以白描法完成，局部略加烘染，线描秀雅，行笔劲细，富于变化与表现力，不但画出了马匹的不同特征，而且将马的丰硕健美以及肌

北宋李公麟《五马图》，纸本墨笔，纵29.3厘米，横225厘米，日本东京私人藏

骨的圆劲饱满表达得甚是完美。以《五马图》为代表的李公麟这一类"白描"画，对后世影响很大，作品屡被传摹，元明清时期不少的白描人物画家皆以李公麟为榜样，将"白描"画发扬光大。

邓椿《画继》还记载了他的一则轶事。李公麟喜欢禅学，因此结交了许多出家人。一日，僧人秀铁面忽然郑重地对他说："不可画马，他日恐堕其趣。"其意是，像你这样迷恋于马，死后将投胎成马。李公麟幡然醒悟，绝笔不为，独专意于画佛像。其所画的佛像每每出奇立异，使世俗惊叹。

李公麟也描绘时事，曾创作《西园雅集图》，成就了美术史上的一段佳话。北宋官修《宣和画谱》卷七在评论李公麟作品时赞曰：

南宋梁楷《泼墨仙人图》，纸本水墨，纵 48.7 厘米，横 27.7 厘米，台北故宫博物院藏

"（龙眠）尤工人物，能分别状貌，使人望而知其为廊庙、馆阁、山林、草野、闾阎、臧获、台舆、皂隶，至于动作态度、颦伸俯仰、大小善恶，与夫东西南北之人才分点画、尊卑贵贱，咸有区别，非若世俗画工混为一律，贵贱妍丑，止以肥红瘦黑分之。"清初收藏大家孙承泽评李公麟说："自龙眠而后未有其匹，恐前世顾（恺之）、陆（探微）诸人亦所未及也。"可见李公麟及其作品在历史上的不朽地位。

✦ 离经叛道，不拘法度

南宋宁宗时期，画院里有一位具有传奇性的画家梁楷，其生卒年不详，祖籍山东，喜爱饮酒，酒后的行为不拘礼法。梁楷善画山水、佛道、鬼神，因画艺出众，宁宗特赐他金带，这是画院最高荣誉，但梁楷却不接受，竟将金带挂于院中，飘然而去。

梁楷在艺术上也不肯随波逐流，另辟蹊径，独树一帜，因此被人称为"梁风（疯）子"。也正是凭着这股"疯"劲，他虽是画院画师中职称最高的待诏（大致相当于今天的国家一级美术师），却敢于发展与创造，创水墨"减笔"画，形成了大胆泼墨写意的人物画视觉图式，对后世文人画家偏好的大写意画影响甚大。

《泼墨仙人图》系梁楷的杰作。这幅画纸本的尺幅并不大，但是其中的五分之四充斥的是横冲直撞的大块水墨变化，磅礴的气势几乎要撑出画面。再仔细一看，原来是画家以写意方式展现一位脑门硕大、袒胸露怀、醉意朦胧而又高深莫测的仙人。作者在构造人物形象时，仙人的细节是看不到的，只是寥寥几笔勾出面部五官，但见细眼扁鼻，压缩在一处，显得憨态可掬、诙谐滑稽；胸部用细笔一笔勾出，双手隐含在墨块形成的大袖之中，一只脚尖露出，显出步履蹒跚的动态。潇洒痛快的淋漓抒写，浑重粗阔的大片泼墨，简洁老到的细笔收拾，这样的画面视觉构成，可谓笔简神具、潇洒奔放、恣意痛快、不拘一格，显出作者如入无人之境的狂态。

南宋梁楷《六祖斫竹图》，纸本水墨，纵72.1厘米，横31.5厘米，日本东京国立博物馆藏

《泼墨仙人图》作为梁楷所创减笔画之杰作，是现存最早的一幅泼墨大写意人物画。在梁楷之前，尚没有哪位作者敢于如此豪放不羁地作画。这样的视觉图式是宋代特殊文化酿造的产物，与南宋时期佛教禅宗思想的盛行密不可分。鼓额大腹的滑稽形象，颇像当时民间信奉的布袋和尚；幽默诙谐的精神体态，又颇似与梁楷同时的济公。此图不但体现了禅宗思想敢于冲破传统观念束缚的智慧与勇气，而且体现了梁楷对中国传统人物画离经叛道式的革新精神。

这种画法一方面得益于画家的主观创造，另一方面也与承载的纸张有关。就画面水墨渗化的效果而言，这种纸张应是半生半熟的，由于梁楷在作画时运用的水量很大，因此形成了水墨汪洋淋漓的视觉效果。

《六祖斫竹图》是梁楷的另一幅代表作。此画尺寸不大，画面构成元素不多，主要集中于左下角，右上角虚空，是南宋边角式章法的典型体现。作者以很少的线条勾出慧能屈膝蹲地、左手扶竹、右手砍竹的专注姿态，竹竿、竹叶的刻画以屈指可数的笔触完成，山坡与作为背景出现的大树主干则以枯笔寥寥几下擦刷而成。虽然画面绘制得十分简括，在整体上不拘泥于细枝末节，但是作者抓住了慧能斫竹的一刹那动态，以少胜多，生动传神，是此作的视觉中心，也是梁楷减笔画的神来之笔。

山水画的"四可"标准

◆ 墨随形迹的影壁

中国早期的绘画讲究置陈布势,设计章法,按部就班,胸有成竹。在画法上,往往详细设计好画稿,再在画稿的基础上勾勒、渲染,深入描绘。到了宋代,这种进程与观念随着绘画本体的发展以及文人艺术思想的拓展,已经呈现出新颖的形式与画法。

南宋邓椿《画继》卷九记载了北宋著名画家郭熙(约1000—1090年)绘制壁画的一种新方法。郭熙在唐代杨惠之塑的山水壁(浅浮雕泥塑)的基础上,自己又出新意。他让工匠在泥壁的时候不抹平,任其或凹或凸,自然形成;干了以后,以墨随其形迹,晕染成峰峦林壑;然后加上楼阁、人物,宛然天成,称为"影壁"。在当时,如此因地制宜、随形而画的艺术创造力可谓超拔时代,意义非凡。可惜的是,这样讲究写意自然的"影壁"图像未能流传至今。

◆ "神宗好熙笔"

郭熙,字淳夫,河南温县人,享有高寿,一生经历了真宗、仁宗、英宗、神宗、哲宗五朝。他本一介布衣,少习道家之学,喜游历,在临摹李成的山水时深受启发,笔墨大涨,功力愈深,声名鹊起。

宋神宗熙宁元年(1068),已过六旬的郭熙被召入宫廷,后升任翰林待诏直长，成为皇家画院的重要一员，深受宋神宗赵顼恩宠。元丰元年，王安石被罢相，神宗亲自走到变法前台，裁撤冗官，重建尚书省、中书省、门下省。三省和枢密院、学士院均设于禁中，其照壁皆交给郭熙绘制。神宗令郭熙将秘阁所藏名画加以详定品目，郭熙由此遍览历朝名画；神宗还命郭熙考核天下诸生，为画院选拔优秀后备人才，使郭熙的艺术风格在画坛上起到了示范作用、获得主导地位。有一次，宋神宗命郭熙造御毡帐，并御批："郭熙可令画此帐屏。"郭熙为此精心创作了《朔风飘雪图》，图中大坡林木，长风吹空，大雪飞扬，云雾纷乱。神宗观后，大加赞赏，认为神妙如动，遂赐予郭熙宝花金带。这样的例子举不胜数，一时之间，"神宗好熙笔""评为天下第一"，甚至有"一殿专皆熙作"的说法大行其道。

郭熙的画不仅得到皇帝的青睐，还得到苏轼等大文人的赞叹。苏轼多次以诗赏叹郭熙的山水；黄庭坚夸赞郭熙善作远景，"能作山川远势，白头惟有郭熙"；苏辙作长诗《书郭熙横卷》，其中四句"袖中短袖才半幅，惨淡百里山川横。岩头古寺拥云木，沙尾渔舟浮晚晴"，表明他才看了半幅郭熙的画，就已感到百里山川横于眼前。

然而，好景不长，38岁的神宗英年早逝，9岁的哲宗赵煦登基，高太后临朝听政，起用旧党、罢黜新党。高太后喜欢仿古的青绿山水，讨厌郭熙的水墨画，于是下令将宫中的字画能卸下来的全部卸来换掉，不能卸的壁画，往往也让新人重画。失宠后的郭熙画作，其境遇一落千丈，全部被放进内藏库退材所。侍郎及提举官邓雍，在御赐的宅第中发现裱工竟以郭熙山水绢本当作抹布擦拭几案，深感痛惜，遂奏请哲宗，表示："若只得此退画，足矣。"没想到，皇帝很大方，下旨把退材所中的郭画均赐于邓家。这样，郭熙的画才得以大量留存。更庆幸的是，邓雍之子邓椿是著名的艺术评论家、收藏家，他根据自家的收藏撰写了著名的《画继》，在此书中，他详细记载了其父这段幸运的收藏故事。

北宋郭熙《早春图》，绢本设色，纵158.3厘米，横108.1厘米，台北故宫博物院藏

◆ 影响深远的艺术理念

作于1072年的《早春图》轴是郭熙代表作之一，画幅左侧题有"早春，壬子年郭熙画"八个字，下有"郭熙笔"长方朱文印一方。钤盖作者印章，这在北宋的画中是很少见的。全景式构图为，综合地运用了"三远法"中的高远、深远之法，表现出北方大山深壑丰富气象的同时，还颇有初春时节大山云气涌动、生机勃勃之感，令人心旷神怡。

值得一提的是，郭熙在《早春图》中将小舟、山道、房屋融入山林之中，为观者营造了一个可行、可望、可游、可居的"四可"境界。相较于前二者，宋代文人士大夫更提倡可居、可游。这也是郭熙在《林泉高致》中着力提倡的，他说："世之笃论，谓山水有可行者，有可望者，有可游者，有可居者。画凡至此，皆入妙品。但可行可望不如可居可游之为得，何者？观今山川，地占数百里，可游可居之处十无三四，而必取可居可游之品。君子之所以渴慕林泉者，正谓此佳处故也。"

可行、可望、可游、可居，务实而可行，惬意而优雅，这种山水画"四可"标准的诞生源自北宋优厚的文官制度与丰厚的文人环境，对之后的中国艺术思想产生了深远的影响，甚至对于今天的园林建设以及旅游规划仍具有积极的指导价值。

另一视角看《清明上河图》

◆ 刻画普通百姓

《清明上河图》展现了北宋都城磅礴气势的繁盛景象。千余年来，声名显赫，被广泛传播与仿摹。直到今天，此画中的文化元素仍然大有用武之地，具有巨大的商业价值，如被制作成各种类型的工艺品，为影视剧提供参考，为景区提供原型，为研究中国画提供素材，是各大美术院校师生学习中国画的重要临摹范本之一，不一而足。

元代杨准在《清明上河图》的题跋中提到此画卷前有徽宗题签，明代李东阳也说其卷首有徽宗瘦金五字签及双龙小印。根据他们的说法，此画完成后当是献给了宋徽宗。如此，描写汴京的富庶繁华、歌舞升平，显然是为迎合当时的统治者的。

但如若通过表面的热闹去深入观察，作者在很大程度上突破以往宫廷画师的局限，描绘出与太平盛世并不协调的另一番景象，构成一系列鲜明的对比。既画了郊外乘轿、骑马前呼后拥回城的富人，也画了赶驴、徒步的穷人；既画了酒楼中饮宴的豪门子弟，也画了辛苦工作的搬运夫、紧张劳动的船夫、来来往往的太平车夫、忙忙碌碌的水夫；既画了鳞次栉比的建筑、恢宏的街景、宏伟华丽的彩楼，也画了荒郊中简陋的农舍；既画了繁华热闹的市井，也画了街上觅食的群猪。在中国汉人的日常食物中，猪肉往往不可或缺，但是在首都繁华的街道上出现一群脏兮兮的猪，与大宋帝国首都应该具有

《清明上河图》中在街上跑动的群猪

的基本卫生与秩序标准是格格不入的，即便很有可能在当时就是客观实情，可能也并不会受到执政者的好评。

画里各色人等都有，但无论从数量上来看，还是从活跃程度上来看，都不是纯客观的记录，而是比较着重表现劳动者及小商贩们为谋生而进行的辛勤劳作以及小市民们的节日欢愉。正是这些人，才是汴京繁华的创造者。

◆ 乞丐也入画

在城门东面的护城河桥一带，张择端还集中画了四个乞丐：第一个乞丐，是残疾人，坐在离城门不远的地上向行人乞讨，旁边挑担的、走路的、伫立的，都同情地看着他，一个骑驴戴帷帽的妇女也回头注视着他；第二个与第三个乞丐是一大一小两个孩子，他们伸手向在栏杆旁观景的人乞讨，一位观景者侧身递给了大孩子一些钱；第四个是骑驴老者与牛车之间失去双臂的乞丐。

乞丐① 乞丐②

张择端在《清明上河图》中较为集中地画了四个乞丐

乞丐③

乞丐④

据官方记载，宣和二年（1120），汴京一次性赈济的贫民、乞丐多达22000人。宋徽宗即位初期，曾接受宰相蔡京的建议，在全国范围内推行"慈善"制度，建居养院照顾鳏寡孤独者，建安济坊收养贫病交迫者，建漏泽园安葬贫无葬地者，但真正获得实惠的人少之又少。

宋代有不少风俗画家，如朱锐、李唐、苏汉臣等，他们创作了很多以劳动者、小市民和儿童生活为题材的作品，不仅为老百姓喜闻乐见，对于统治者来说，也因其粉饰太平的特点而备受夸赞；但在他们的笔下，却鲜少见到现实的阴暗面。

✦ 有勇气的"画谏"

北宋末年，宋徽宗赵佶在蔡京、童贯等人的蛊惑下，统治腐败，生活糜烂，内外矛盾相当尖锐，各地起义不断，北方辽金虎视眈眈。

由于对生活的深刻认识以及严谨的创作态度，张择端在《清明上河图》中显示出与一般的风俗画家简单地描绘风土人情、一般的御用画家一味地歌功颂德不同的气象，郊外荒凉、贫富悬殊、乞丐行乞、街上跑猪、官员松弛、士兵懈怠等，通过巧妙的艺术处理，揭示出宋朝统治在喧哗外表下的危机。

张择端这些特意的安排可谓一种"画谏"。如此看来，张择端应是一位性情耿直、独持己见、不肯苟合于俗流的画家。《清明上河图》的画艺虽然十分精湛，前无古人（而且直到今天也后无来者），但是由于画中存在与赵佶、蔡京吹嘘的丰亨豫大的太平盛世相悖的内容，触犯了统治者之忌讳，引起了某些人的不快。所以不对这幅旷世杰作进行宣传与著录，使得张择端之名湮没于画史，世人不知其身世，这些也就不足为奇了。

诗是无形画,画是有形诗

✦ 构图最为简洁的中国画

中国文人画家最为钟爱的山水题材具有某些程式性,如春山云起、夏山听泉、秋湖放棹、寒江独钓等。说起寒江独钓,当以南宋马远所绘的《寒江独钓图》最为著名,且影响最为深远。

初看《寒江独钓图》,觉得画面十分简单,只有一叶小舟浮于江面,渔翁独坐舟头垂钓,舟下寥寥几笔微波,其余全为空白。然而,若熟悉中国画的虚空也是内容时,就会体悟到四周江天空旷的意境,寒意萧条的氛围迎面而来。唐代大诗人柳宗元《江雪》诗曰:"千

南宋马远《寒江独钓图》,绢本水墨,纵26.7厘米,横50.6厘米,日本东京国立博物馆藏

山鸟飞绝，万径人踪灭。孤舟蓑笠翁，独钓寒江雪。"这幅画是对此诗的最好表达。

经过北宋中后期文学对于画学的融合之后，无论是画院画家，还是文人画家，均在有意无意之间运用了"诗是无形画，画是有形诗"的创作观念，从上到下，上下互通，形成了规模盛大的以诗入画运动，蔚然成风。到了南宋，此风更盛。

中国诗歌的境界讲求意犹未尽，令人浮想联翩，因此以虚胜实、以少胜多是大艺术家的手法，越是简洁朴素，越是博大精深。《寒江独钓图》中，马远几乎没画水，却获得了水色茫茫的视觉效果。这一思想的哲学基础是儒释道三家融合之后的文人思想，特别是道家思想、佛家思想更提倡超尘脱俗，无为淡泊，以无胜有，对于诗词与绘画发挥了巨大影响。

《寒江独钓图》不但是马远构图最为简洁的作品，而且是中国绘画史上构图最为简洁的作品，令人观后思之不尽，历来评价很高。20世纪80年代初，著名美学家王朝闻在主编我国第一本《美学概论》时，特意将其选入正文前面为数不多的附图中，以之作为中国美学思想在艺术创作中运用的典范，由此可见王先生对于马远作品的关注与推崇程度。

✦ "马一角" "夏半边"

马远（约1140年—1225年之后），字遥父，号钦山，原籍河中（今山西永济县附近）。马远在南宋光宗、宁宗两朝官至画院待诏，以善画著称于世。马远幼承家学，后师法李唐，自出新意，善画边角之景，灵活运用大小斧劈皴，画面水墨苍劲。这是马远图像风格的突出特点，也在画史上奠定了南宋院体山水的基础画风。明代曹昭《格古要论》认为其章法"全境不多，其小幅或峭峰直上而不见其顶，或绝壁直下而不见其脚，或近山参天而远山则低，或孤舟泛

南宋马远《石壁看云图》团扇，绢本设色，纵 23.7 厘米，横 24 厘米，北京故宫博物院藏

月而一人独坐"，说的就是他敢于在章法上大胆取舍，大片留白，突出山之一角或水之一涯的景象，其意境、意趣，令人玩味不尽。

宋宁宗时任画院待诏夏圭，善画山水，喜用秃笔，属水墨苍劲一派，下笔凝重，取景简练，常以半边景物表现空间，绘画史上有"马一角""夏半边"的说法。马远《石壁看云图》团扇、夏圭《雪堂客话图》都是这类至简构图的典型代表，其特色在于言简意赅、虚实相生。

马远的作品主要是为皇家绘制，画上的题字多为宋宁宗赵扩或其皇后杨氏所书，可见他在当时的受宠程度。从马远的曾祖马贲到其子马麟，马远一家五代都是画院画师，皆有杰出成就，这一家族在世界绘画史上是极为罕见的。马氏家族逐渐形成了一个庞大的绘画图像生产作坊，雇佣了助手或管理者，应该还有绘画材料的生产者以及裱画工匠。

最早西湖写生图

◆ 三朝老画师

上有天堂,下有苏杭,这一说法可谓家喻户晓。宋代的表述略有不同,当时的人们说:"天上天堂,地下苏杭。"(语出北宋范成大《吴郡志》)到了清代,苏南民歌《姑苏风光》才改作:"上有天堂,下有苏杭。""杭州么有西湖,苏州么有山塘,哎呀两处好地方。"

杭州之所以能跻身人间天堂行列,正在于西湖,历朝历代都吸引了许多艺术家前来写生。然而,若论现存最早的西湖写生图,则非南宋著名画家李嵩所画的《西湖图》莫属。

李嵩(1166—1243)是南宋钱塘(今浙江杭州)人,长期生活在杭州,对于西湖景物了如指掌。李嵩小时候家中贫困,曾做过木工,史书记载他"颇达绳墨",可见那时他木工干得较为出色。后来,他有幸成为南宋画院待诏、著名画家李从训的养子,并从其学画,学习十分努力,凭借出色的画艺考进了南宋画院,历任南宋光宗、宁宗、理宗三朝(1190—1264)画院待诏近60年,是南宋画院名副其实的资深画师,被时人尊为"三朝老画师"。

李嵩注重观察社会,留意生活的细节,工山水、人物、花鸟,堪称全才型艺术家,题材从宫廷到民间、从城市到农村、从生产到生活、从吃喝到娱乐、从佛教到道教、从历史到现实,均在画中有

南宋李嵩《西湖图》，纸本水墨，全卷纵 26.7 厘米，横 85 厘米，上海博物馆藏

所反映。所作既有精工鲜丽的《明皇斗鸡图》《花篮图》等画，也有《货郎图》等白描风俗画。他还画有描绘农民生产活动 12 个阶段的《服田图》。为鞭挞都市生活中的四种堕落现象——醉酒、嫖妓、赌博、恶霸，他专门画有《四迷图》，形象地表达其道德观。李嵩甚至还曾根据南宋时期流行的水浒英雄传奇故事，创作了宋江等 36 人像，这是对于英雄人物的赞美，这在古代绘画史上是十分罕见的。

◆ 观西湖图如赏西湖景

李嵩写生西湖的水墨画《西湖图》描绘了西湖及其周边景色，作者采用了全景式画法，构图近于今天我们所说的"鸟瞰图"，巧妙地将众多风景元素安排到画面中，做到了多而不乱，繁而不杂。

近景是画面最下方的湖岸，有若干屋宇一字排开，勾勒的笔法坚挺。这些房屋或密集，或疏松，或相连，或断开，形断而势连。在西湖左岸，除了隐约现身于树丛中的少许农家小屋外，层层叠染的山头之上，西湖标志性景点——雷峰塔拔地而起。在离塔不远的湾畔又是密集的屋宇。再移目往右，作者用凝练之笔写出了西湖岸

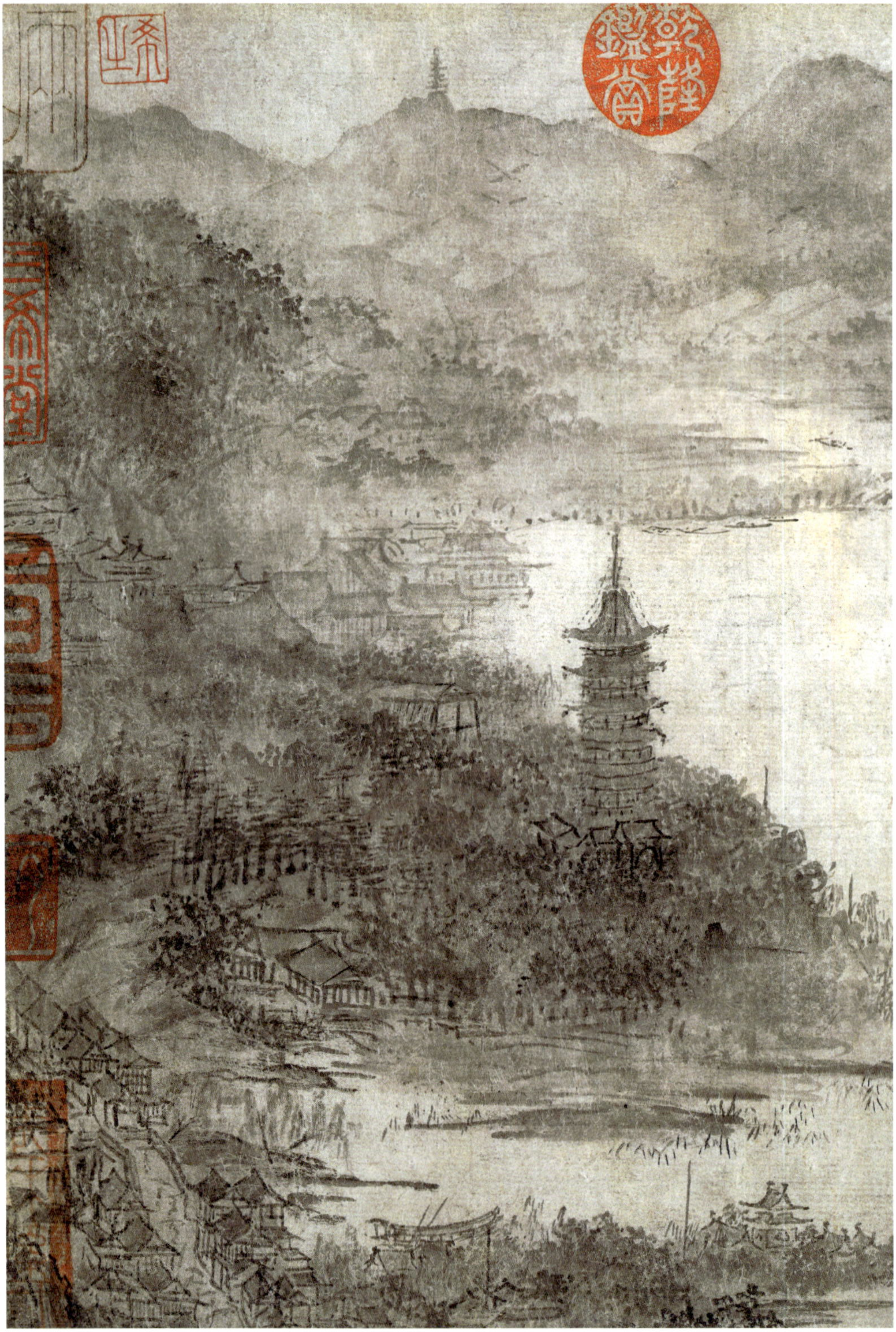

边层层的亭台楼阁，楼阁之后又有山林与之相映衬，浓浓淡淡，相得益彰。

中景是那一片烟波浩淼的湖面，湖中有小舟若干，看似简约，实不简单，一股清新的水气蒸腾而上，悠然舒缓，使读图者心神畅达。今天我们若站在西湖城隍阁上往下望，仍大致是这样一番的画中景色。然而，就细节而言，和现在实景不同的是，《西湖图》中没有画出湖中三岛（瀛洲、蓬莱、方丈）以及湖心亭和三潭印月。也许是当时并没有这些景观，也可能是李嵩的审美所致，即为了保持画面中湖面的虚静而故意略去了它们。

远景的湖对岸，有五座小桥彼此相连，这是苏堤春晓之景。其后面是淡淡的山峦，越远越淡，若隐若现。

李嵩这位宋代资深画师笔下的西湖，不仅有秀色可餐的风景、精妙到位的笔法，还融汇着艺术家对于西湖的情感寄托。此间宁静祥和的情思、动人心弦的景色，无不漫溢于图像之中。细品《西湖图》，今人似乎仍可聆听到西湖的声音，触摸到西湖的脉动，感受到西湖的意象，体悟到西湖的境界。这幅八百年前的西湖图景，堪称画家李嵩为杭州绘就的一张绝世名片。

左页图：南宋李嵩《西湖图》局部

麥眼

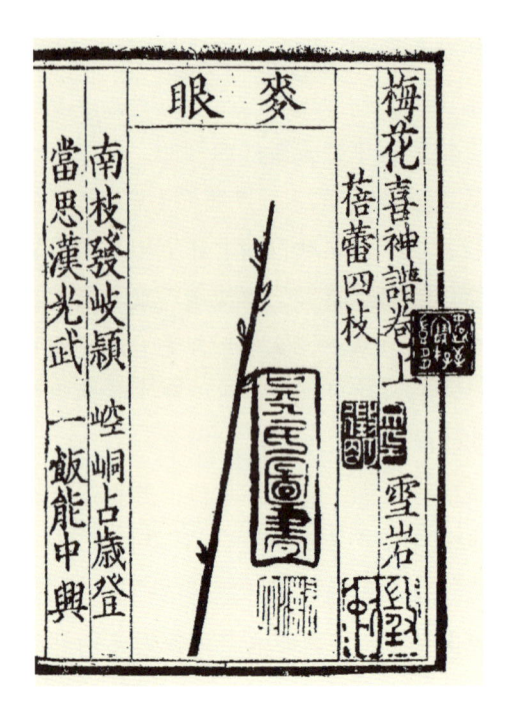

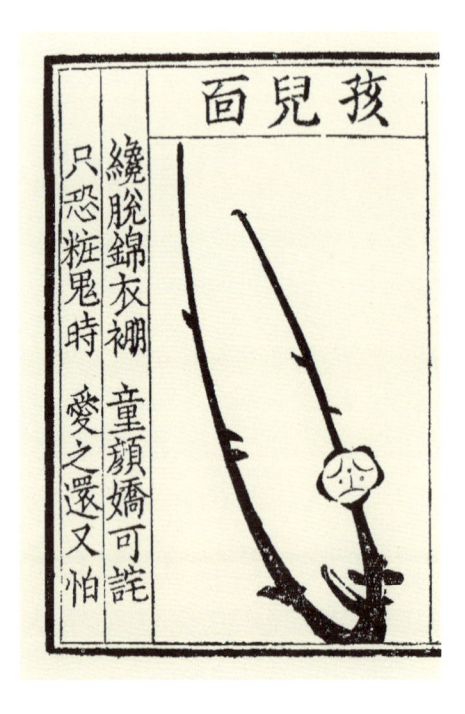

梅花喜神譜卷上
蓓蕾四枝
雪岩

南枝發岐穎
崆峒占歲登
當思漢光武
一飯能中興

孩兒面

繞脫錦衣裯
童顏嬌可詫
只恐粧鬼時
愛之還又怕

南宋宋伯仁《梅花喜神譜》圖譜，共 100 幅，每版框縱 15.1 厘米，橫 10.7 厘米

别有深意的《梅花喜神谱》

✦ 最早出版的木刻画谱

南宋文人画家宋伯仁绘编的《梅花喜神谱》是我国最早出版的木刻图谱，也是第一部私人编刻的梅花画谱。全套图谱分为上、下两卷，共刻有100幅梅花图，按蓓蕾、小蕊、大蕊、欲开、大开、烂漫、欲谢、就实八个梅花的自然开花过程次第展开，百幅梅花图姿态各异。每幅均题有画名和五言诗一首，以题名点明梅花的形态，以五言诗延展题名的含义，使得画、题、诗融为一体，增加了阅读时的趣味性与想象性。

图谱以木版阳刻，用墨印成，表现出"墨梅"单纯朴素的视觉效果。这百幅梅花图，除蓓蕾四枝及小蕊中"丁香"一枝外，其余每幅折枝只表现一朵梅花，形同剪影，果断明快，言简意赅。譬如，"麦眼"之梅图，属于蓓蕾四枝之一。单枝斜出，五只蓓蕾犹如刚抽穗的麦粒，十分形象，配以一首五言诗曰："南枝发岐颖，峻恫占岁登。当思汉光武，一饭能中兴。"当读者翻过一页，再看梅图，那些麦粒已经长成了滴溜圆的螃蟹眼珠，故名"蟹眼"，与之相配的五言诗为："爬沙走江海，惯识风波恶。东君为主张，显戮逃砧镬。"再如，"樱桃"，属于小蕊十六枝之一，形状宛如一颗樱桃，呼之欲出，十分生动。而"孩儿面"也属于小蕊十六枝之一，其形状恰似一张小孩脸，眉、眼、嘴、鼻，一一具备，皱着眉头，似乎是受了委屈，趣味十足。可以想象，多少个日日夜夜，宋伯仁陪伴在梅花旁，细细观察，精心写真，融神其间，著成这本别有深意、入木三分的"梅花写真集"。

宋伯仁这部《梅花喜神谱》初刻于南宋理宗嘉熙二年（1238），但是原刻本现已失传。目前所见版本是在南宋理宗景定二年（1261）由金华双桂堂重刻的，此堂为民间刻书坊，刻工不详。

◆ 梅文化后的政治隐喻

从表面上看，宋伯仁刊刻《梅花喜神谱》是在"闲工夫作闲事业"，但是蕴藏在这部画谱背后的深层意义则需结合独特的宋代梅文化来理解。当时北宋灭亡，南宋偏安，金人虎视，当时的文人纷纷以自己擅长的文学艺术形式来表现坚贞不屈、爱国忠君的感情，而梅兰竹菊等四君子题材更成为当时文人画家喜爱描绘的对象。正是这些因素共同促成了宋代梅文化的兴盛。

画谱中的100首题画诗多数是借题发挥，藏有深意。如第三部分大蕊八枝之一的"琴甲"诗云："高山流水音，泠泠生指下。无与俗人弹，伯牙恐嘲骂。"由初绽如琴甲的一朵梅花而联想到《高山流水》的琴曲，写梅之高洁，但无一字言梅，又似乎无一字不言梅，表达了作者壮志难酬、忧国忧民、广求知音的情怀。最后第八部分就实六枝中的"橘中四皓""吴江三高""孟嘉落帽"使用的均是同一烘托手法，即用商山四皓、范蠡、张翰、陆龟蒙、孟嘉的品格来比拟梅花，突出作者所欣赏的文人独具的精神气质。

宋伯仁在自序中说："是花也，藏白收香，黄传红绽，可以止三军渴，可以调金鼎羹。此书之作，岂不能动爱君忧国之士。出欲将，入欲相，垂绅正笏，措天下于泰山之安。"宋伯仁的创作意图是吻合于当时的时代背景的，一部小小的梅花谱竟然与宏大的"爱君忧国""措天下于泰山之安"之思发生关联，这是宋代文人独特的心境所决定的。不难看出，宋伯仁绘制、刊刻、出版与传播此谱之目的，

不但叫人终生不忘梅花坚贞刚洁的本性，时时追慕学习，而且可供文人雅士鉴赏怡情，陶冶胸襟。

另外，这部画谱不叫《梅花画谱》，而称为《梅花喜神谱》，也是具有深意的。清代学者钱大昕在该谱的题跋中解释过原因："盖宋时俗语，以写像为喜神也。"宋代的"写像"也叫"写真""写生"，与江浙一带的"喜神"的读音十分接近，至今江浙一带确实还有称画像为喜神的。所以"喜神谱"可能是方言的"口彩化"形成的这么一个吉祥好听的名称。

堪比CAD的建筑工程图

✦ 官方开办学校教授工程绘图

建筑工程图是典型的实用性图像,对于社会生活十分重要,涉及面也较为广泛,因此历朝历代均多关注,在宋代甚至上升到了国家教育的层面。

宋代经济迅速上升,建筑事业蓬勃发展,奠定了北宋开办画学的社会基础。因为画学中一些科目的开设就是为了满足社会之需,这方面史籍多有记载。南宋邓椿《画继》卷一《圣艺徽宗皇帝》中记载:"始建五岳观,大集天下名手,应诏者数百人,咸使图之,多不称旨。自此以后,益兴画学,教育众工,如进士科,下题取士。复立博士,考其艺能。"前来应试者的建筑画水平"多不称旨",宋朝政府决定兴办画学。

《宋会要辑稿》崇儒三之一和《续资治通鉴长编拾补》卷二十四进一步记载,在徽宗崇宁三年(1104)六月十一日,北宋朝廷设置书画算学,并"冠以'崇宁国子监'为名"。这样一来,显著地提高了宋代工程图像绘制的技术水平。当然,工程图像水准的高低在根本上取决于负责人以及绘图人员的素质,宋代工程图像的绘制人员包括工匠、专业画工、画家和学者等,他们大都受过严格的专业训练。

✦ 官方出版建造工具书

北宋哲宗时期，立国已百年，国家大兴土木，宫殿、衙署、庙宇、园囿的建造规模盛大，负责工程的大小官吏贪污不断，屡禁不止，致使国库不堪重负。因而亟待制定建筑的设计规范和有关材料、施工的定额标准。

哲宗元祐六年（1091），将作监第一次奉敕编修成《营造法式》，但是该书缺乏用材制度，工料过宽，不能防止工程中的各种弊端而杜绝贪污腐败，所以宋哲宗绍圣四年（1097）诏李诫重修。宋徽宗崇宁四年（1105），《营造法式》刊行全国。清代《四库全书简明目录》这样评价："其书共三百五十七篇，内四十九篇皆根据经史，讲求古法，余三百八篇，则自来工师所传也。"

李诫本人在编写《营造法式》之前，积累了10余年负责建筑工程的经验，并在将作监工作了8年，还以将作监丞的身份负责过五王府等重大工程。他广泛参阅文献和旧有的规章制度，收集工匠讲述的各工种操作规程、技术要领及各种建筑物构件的形制、加工方法，为编写此书创造了良好的主客观条件。更重要的是，李诫并非一般的文人与官员，他钻研地学、历史、文字等，擅长绘画。正是由于具备这样博中有专的基础，李诫出色地完成了《营造法式》这一旷世之作的编撰工作。

作为一部北宋官方推出的建筑技术与施工标准规范用书，《营造法式》以木建筑结构为本位的标准化、模数化的工程图学观，显示出宋朝领先于当时世界的建筑图像学成就，对当时及以后的中国建筑意义深远；《营造法式》标志着中国古代建筑技术与思想的集大成，堪称中国古代最为优秀的建筑著作；同时，《营造法式》不但对建筑中产生重要作用，也对其他实用艺术产生巨大影响。

科技史学家李约瑟在其1971年出版的 Science and Civilization in China 第4卷中对《营造法式》作了高度评价："为什么说1103年的《营

造法式》是历史上的一个里程碑呢？书中所出现的完善的构造图样颇见重要，实在已经和我们今日所称的'施工图'相去不远……西方是无法可与《营造法式》相较量的……"以毕生之力研究《营造法式》的建筑大师梁思成因为钦佩李诫，甚至给自己的儿子起名为梁从诫。

◆ 中国特色的工程绘图法

无论是李诫《营造法式》中的建筑图像，还是苏颂《新仪象法要》中的仪器图像，以及吕大临《考古图》、王黼《宣和博古图》和南宋《续考古图》中的金石图像，均准确精细，体现了具有中国特色的工程图像方法。这一类较为规范的图像在宋代被统一归入"屋木门"，

天宫壁藏

天宫壁藏,《营造法式》卷三十二

其工种被称为界作,其画被称为界画,南宋邓椿在《画继》卷十之《杂说·论近》中认为:"画院界作最工,专以新意相尚。"

工程图像主要是以工笔画的方式描绘建筑、家具、车船等复杂物体的规律性变化,它们的主要特征是折算严谨,结构规范,直线居多,画风细致。譬如,《营造法式》卷三十二中的天宫壁藏,以斜俯透视(近于现代图学中的轴测图)的方法,也就是宋人所说的界画绘制原则——"上折下算,一斜百随",将一座气象宏伟、结构复杂的建筑群真实地展现在读者面前,令人叹为观止。天宫壁藏与其他的佛道藏均是用于宫殿供奉的小型建筑,也可视为实际大型皇家建筑群的浓缩版,是研究、复制宋代这一类建筑的重要图像资料。

宋式艺术生活

◆ 山水画中的空间视觉表达

　　天宫壁藏所使用的斜俯透视在理论上其实是一种远视法，远视法也用于山水画的观察与创作。在绘画上，两宋山水画家喜以建筑物点缀自然山水，表达出自然景观与人文景观相结合的审美趣味。北宋大画家郭熙在其画论《林泉高致》中还对画中建筑选址做了专门阐述："画僧寺道观者，宜横抱幽谷、深岩、峭壁之处。唯酒斾、旅店，方可当途村落之间。以至山居隐遁之士、放逸之徒也，务要幽僻。有广土处，可画柴扉、房屋、平林、牛马耕耘之类。"今天我们研究宋代建筑，现存的宋代绘画发挥了很大作用，其中特别是以描绘建筑为主的界画家更是功不可没。当时的一些界画作者精通建筑营造之法，有的甚至高于当时的建筑名匠。这些都反映了宋代建筑发展之盛，建筑知识积累之专深。

　　宋代大学者沈括在《梦溪笔谈》里说画家李成描绘山上的亭馆楼塔"皆仰画飞檐"，之所以如此是因为李成认为"自下望上，如人平地望塔檐间，见其榱桷"。沈括否定了这种看法，因为"大都山水之法，盖以大观小，如人观假山耳"（即以俯视来观察），同时提出用以大观小的"远观法"来处理建筑，可使建筑与山水保持和谐。

　　沈括与李成的观点之争，从一定程度上反映了当时的一些艺术家已对绘画的空间意识有了自觉性要求，而此时界画的兴起与成熟则表明这种要求已上升为一种理性指导。实质上古人作画可以灵活地驾驭透视法，李成山水画中其实既有沈括所言的"掀屋角"之作，也有"以大观小""一斜百随""一去百斜"的斜俯透视之作，如《晴峦萧寺图》等。潘耀昌先生在《"以大观小"和"一斜百随"——谈宋代界画的空间意识：试述一种准科学的模式》中认为宋代界画的这种标准透视方式"可以作为一个特例列入文艺复兴形成的透视学体系中"，"即把对象推到非常远的距离观看时的特例"。

左页图：北宋李成《晴峦萧寺图》局部，绢本设色，全图纵111.4厘米，横56厘米，美国纳尔逊－阿特金斯艺术博物馆藏

185

窑变里的宇宙气象

◆ 碗中可视云霞：钧窑

窑变，主要是指瓷器在烧制过程中，由于窑内温度发生变化导致其表面釉色发生的不确定性自然变化。古人将瓷器器型的变化也视作窑变，例如《稗史汇编》认为："瓷有同是一质，遂成异质，同是一色，遂成异色者。水土所合，非人力之巧所能加，是之谓窑变。"由于窑变而产生的神奇的釉彩变化，构成了宋代窑变里的宇宙气象，非同凡响，在审美格局上超越了时代，极大地影响了后世。

在宋代各大名窑中，纹饰属于意象性与抽象性的有钧窑、建窑、吉州窑等瓷器中的图像。河南钧窑的窑变形成了居于青色与红色之间斑斓的色彩变化，它们光怪陆离，若隐若现，璀如花海，璨若云霞，既有工匠们模拟晚霞万道霞光的意味，有其自身的本体语言，又居于具象与抽象之间，显示了宋代文人独特的审美趋向。这种钧窑成色技术主要用于制作花盆，在北宋晚期的徽宗一朝兴起，特别受到画家皇帝赵佶的喜爱，并使之大放光彩，影响深远。到了清代，民间甚至流传着"家有千贯万贯，不抵钧瓷一片"的说法。

◆ 碗中可见星空：建窑

福建建窑黑釉窑变时形成了一系列各不相同的结晶釉，在视觉

北宋至金（12—13世纪）钧窑黑釉鹧鸪斑碗，高5.8厘米，口径20.3厘米，足径4.9厘米，台北故宫博物院藏

图像上有些像现实生活中人们看到的油滴、鹧鸪斑纹、玳瑁等的肌理效果，也是居于具象与抽象之间，于是就以"油滴""鹧鸪斑""玳瑁"命名。工匠们通过无数次实验，可以较为有效地控制这些痕迹肌理的形成规律，并进行大量生产。它们成为当时最为讲究的时髦饮茶器具，是精英文人斗茶时必不可少的道具。究其原因，正在于瓷器上一系列变化多端、神秘莫测、效果独特的意象性图像吸引了文人雅士的审美视线。宋代的文人墨客有许多诗句来称颂这一类的瓷器图像，诸如"兔毫紫瓯新""忽惊午盏兔毫斑""建安瓷碗鹧鸪斑""松风鸣雷兔毫霜""鹧鸪斑中吸春露""鹧鸪碗面云萦字，兔毫瓯心雪作泓"等。

建窑黑釉在南宋还被传到日本，被尊称为"天目盏"，视作日本国宝。譬如，日本东京静嘉堂文库藏的南宋《曜变天目茶碗》，

南宋建窑曜变天目茶碗，高7.2厘米，口径12.2厘米，足径3.9厘米，日本东京静嘉堂文库藏

就有着神奇的艺术效果。在日本，曜变一般也被称为耀变，也有学者认为曜变即窑变。这件碗的窑变技法介于"油滴"与"鹧鸪斑"之间，虽然口径仅为12.2厘米，但是呈现出的视觉效果十分抽象，给人以丰富遐想：既像显微镜下的微观细胞构造，斑斑驳驳，散散落落，小中见大，高深莫测；又似深夜在海边看到的星空，星星点点，疏疏密密，时隐时现，玄妙多端；更如洪荒宇宙，将大千世界的千变万化与迷离奇异表达得斑斓璀璨、深邃幽潜。这是宋代实用艺术的巨大创造，审美精神的卓越开拓，意象之境的经典阐释，因此日本人甚至用"碗中宇宙"来形容此碗，以表达无限敬仰之情。

◆ 碗中可窥自然：吉州窑

瓷器图像的意象性特征还存在于宋代江西吉州窑瓷器上，吉州窑因采用剪纸和贴叶技术而使得瓷器纹理在窑变时产生丰富艺术效果，既有原来所贴剪纸与树叶的痕迹，又模模糊糊，深深浅浅，似与不似，别具意味，形成了著名的"剪纸贴花碗"和"木叶碗"。

南宋吉州窑黑釉叶纹碗，高5.2厘米，口径15.2厘米，足径3.4厘米，台北故宫博物院藏

　　剪纸贴花碗是吉州窑的一项独创。剪纸是我国深具民族特色的传统民间工艺美术图像，南宋时期的剪纸图像艺术十分发达，并被开创性地应用到吉州窑的制瓷上，其图案流行双鱼、双凤、喜鹊等。具体制作工艺是先将剪纸贴在施以黑釉的瓷器上，再施以灰釉，在灰釉尚未干透之前将剪纸揭去，待干后再入窑烧造而成，所贴剪纸的图案痕迹被一定程度地留在了瓷器表面，构成虚虚实实的图像意境。由于每次所施的灰釉不尽相同，烧制时出现的窑变使得瓷器表面呈现出黄、绿、蓝、白等釉色，其中以黄色居多。

　　木叶碗则是将树叶贴在已施黑釉的瓷器上，经过高温烧制而成，这是吉州窑另一项独创的瓷器装饰工艺。所贴树叶是常见的桑叶、樟叶等，其中有完整的，也有残缺的，有一片的，也有二三片的，这些十分普通的树叶在工匠巧手的创造与安排下，化成了神奇的瓷器装饰图像。对于这种工艺的由来，宋代文献中并无记载。也许是在某一次烧窑时，树叶落在瓷坯上，工匠并没发现，烧制出来后得到意外精彩的视觉效果，工匠们接着再做进一步琢磨与深化，使之成为一种可控的瓷器图像生产技术，造福于当时及后世。

五

世俗与气象

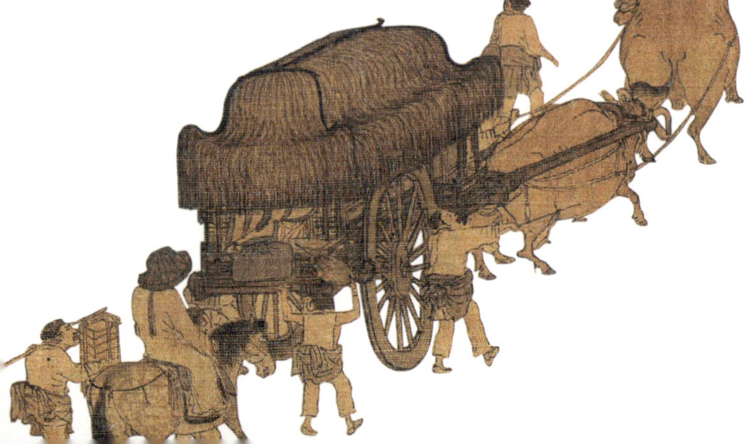

以虔敬之心营造极乐世界

◆ 嫁女的锦帐转献佛

在中国佛教史上，流行观点认为宋代已进入佛教发展的衰落期，此时对佛典的翻译和阐释基本结束，在佛教理论上已无实质性建树，不但佛教僧团不如六朝、隋唐兴盛，而且也没有出现能与慧远、玄奘、慧能比肩的高僧。

然而，北宋文人曾纡（丞相曾布之子）的笔记《南游说旧》中记载的一则王安石轶事可有助于我们换个角度思考这一问题。笔记中说，王安石打算将小女嫁给自己的得意门生蔡卞。蔡卞是蔡京之弟，聪慧过人，13岁就考中进士，师从王安石，深受赏识。在政治上，蔡卞与其兄蔡京分道扬镳。王安石推行新法，蔡卞积极支持，后来官至尚书左丞。王夫人吴氏疼爱女儿，购置了十分昂贵的"天下乐晕锦"制成床帐来作为陪嫁。可是婚礼尚未举行，好事者已将其奢侈程度远播，很快就传进宋神宗耳朵里。神宗很是不解，就问王安石："爱卿作为一代大儒，怎能用如此贵重的锦帐嫁女儿？"王安石吃了一惊，无言以对。回到家中问夫人，果然如此。于是赶紧将锦帐献给汴京名刹开宝寺，用作福胜阁佛帐的艺术装饰，并于第二天向皇帝谢罪。

王安石是一代名相，清廉自持，对于居所、服饰、饮食从不讲究。神宗作为有为君主，也崇尚节俭。但是，将奢华之物献给寺院以助

北宋高文进《弥勒菩萨像》

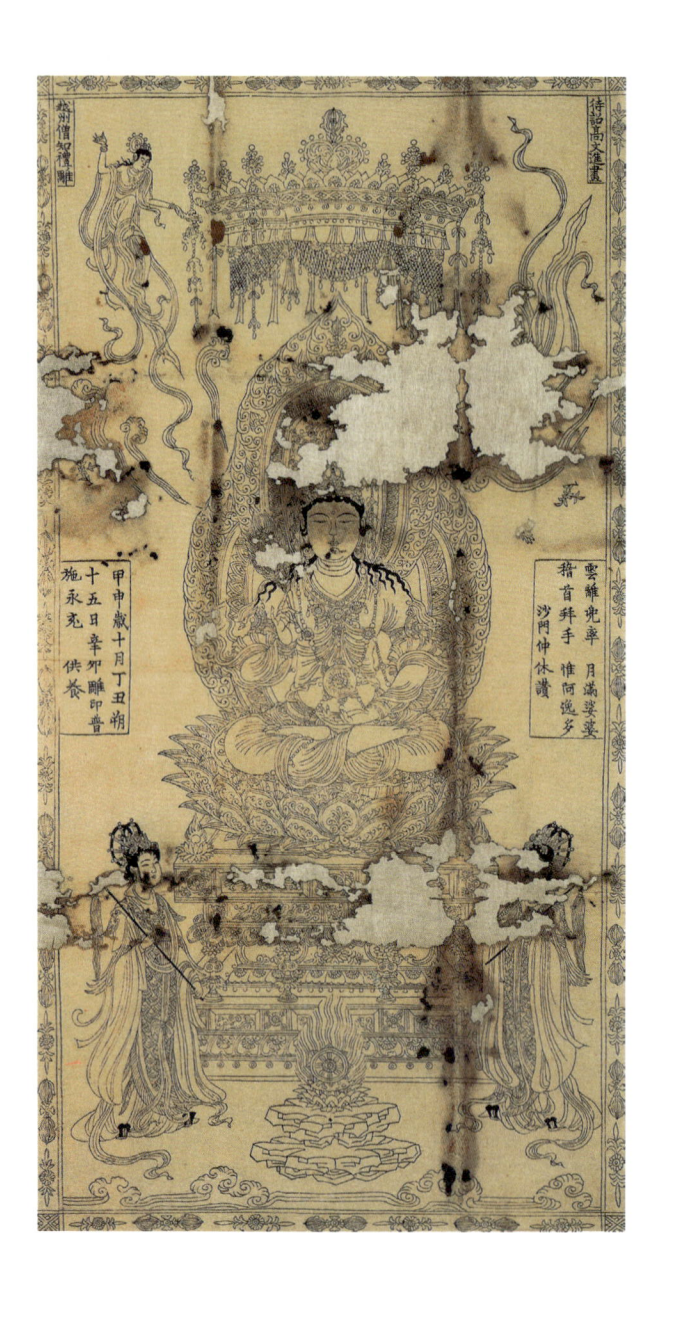

其华丽,即使在这样一对君臣看来,也是理所应当的。对于这种现象,不信佛的北宋大文人曾巩感到不可理解,鉴于佛寺装饰的奢侈之风,他在《鹅湖院佛殿记》中说:"资其宫之侈,非国则人力焉。而天下皆以为当然,予不知其何以然也。"由此折射出佛教在北宋的发展盛况。

◆ 佛教世俗化与文人化

实际上，随着儒释道的合流以及佛教在安定人心上具有的重要作用，宋朝统治者对佛教多给予大力支持。宋代僧尼人数占全国人口的比例超过了唐代的1∶322，其中以真宗与徽宗时期为最高，约为1∶40。南宋时期，佛教依然兴盛，因此，不信三世轮回之说的朱熹无奈地说："释氏之教，其盛如此，其势如何拗得他转？吾人家守得一世再世，不崇尚他者，已自难得。三世之后，亦必被他转了。"故而，王安石将女儿的嫁妆献给寺院正是在这一大背景下的自然之举。王安石常读佛经，其家乡江西临川是禅宗的重要发源地，对其影响较大。据宋惠洪《冷斋夜话》记载，王安石之所以肯出任宰相是因为受到云门宗高僧雪峰义存的一句话——"这老子尝为众生，自是什么"的激发，这正是菩萨行的精神，显示了新禅宗的魅力。

王安石的佛缘实与宋代佛教的世俗化与文人化密不可分。宋代佛教的世俗化包括民间信仰与文人佛学。前者主体是民众，其信仰主要体现佛教中超自然的内容；后者主体是知识精英，他们关注的主要是学理性的内容。宋以前，僧人中的大德较多，他们承担着佛经翻译与传播的重任。到了宋代，由于文人地位的提高，有识之士纷纷加入文人阵营。宋代文人普遍喜读佛典，有的热情甚至超过僧人，这些导致了佛学在文化意义上的方兴未艾。宋代文人对佛学的理解也显得与以往不同，能将佛禅之理转化为与生活相关的人生智慧，发展出独特的心性学说，促成了佛教的儒学化，并使文人佛学成为宋代佛教最具活力的内容。

◆ 华美的宗教建筑与装饰

至于皇帝与宰相同意将奢华之物献给寺院以助其华丽，在当时是有广泛的社会基础的。佛教虽然在本质上不看重物质生活，而且有些宗派反对物质享受，提倡苦修，但随着佛教的发展以及为了吸引更多民众信奉，对佛国以及佛教事物进行美化也是需要的。特别是到了唐宋，佛教在宣传上对佛本生题材进行弱化，同时对西方净土变题材进行强化。画工们在壁画中描绘经变故事中西方极乐世界的美好，离不开对人间皇家与贵族生活环境的观察与想象。这些不但与佛教的传播手段有关，而且具有理论基础。如《阿弥陀经》里叙述的"极乐国土"在物质上就极为华美而丰富，其中：地是"黄金布地"，房子是"七宝楼阁"，并有七重栏楯、七重罗网、七重行树，皆是四宝周匝围绕；另有七宝池，池底纯以金沙布地；四边阶道，亦以金、银、琉璃、玻璃等宝合成；上有楼阁，亦以金银、琉璃、玻璃、砗磲、赤珠、玛瑙饰之。信徒将佛典中以夸张性的比喻手法表达出来的净土世界具体化、形象化，并用世俗的黄金珠宝来塑造，不遗余力地表现其庄严与华美，以虔敬之心试图在人间营造出金碧辉煌的理想国。

在宗教建筑中，为了使人们深信万能的菩萨、神仙或上帝，无论寺庙、道观或教堂，都修建得高大雄伟、庄严肃穆，其主要目的就是为了使信徒们感到神灵的崇高、自身的渺小，从而产生崇拜感与归属感。实际上，在各大宗教的世界里，信徒们的确多把人间最为美好的事物供奉给了宗教场所，形成了宗教艺术的昌盛发达。

作为修行者，本应抛弃物质享受，但为了体现宗教的"庄严具足"，又须表现佛殿巍峨、佛像庄严、法器贵重、斋局盛大。各地佛寺中，殿堂的辉煌壮丽已成为人们印象中寺院的基本特征，千佛殿、万佛楼成为各地效仿的标志，而庙宇规模的不断扩大与佛像高度的不断攀升也成为各地竞争的热潮。对于此类现象，其实早在宋神宗年间，当时的状元黄裳已在《含清院佛殿记》中感慨地说："佛之性，其体也圆，其用也光，惟其所感，宫殿楼阁、户牖阶砌，严丽广博，宝华妆校，翠影妙香，不可穷既。然而佛之荣华侈靡，岂资于物哉？"

花草树木皆入佛

◆ 融入禅宗精神的艺术审美

宋代文人喜读佛典，包括王安石、苏轼、黄庭坚等大文人都对佛学显示了极大的热情，有的甚至超过僧人。这促成了佛教的儒学化，使文人佛学成为宋代佛教最具活力的内容，并影响了北宋中后期文人的思想与审美。

中国的文人写意画成熟于宋代，这与李公麟、文同、苏轼这些文人画家的好佛习禅风气是分不开的。宋代文人与僧侣的关系十分微妙，不少人的身份是居士，在思想上亦僧亦俗，他们从佛教中汲取的哲学思想常能为已所用。例如，苏轼就与当时的不少名僧保持着密切来往，也自称居士，而苏轼并非一个十分虔诚的佛教徒，甚至在一些观念上颇有自己的见解。然而，苏东坡出身于民间，亦受到道家思想的启发，同时佛教的"空无观"对他的影响也是重大的，几种力量的综合作用，激发其"平淡"美学观的形成。

宋室南渡后，文人的禅悦之风较北宋更盛，南渡士人不仅援佛入儒，以佛学作为儒学的参照系，而且还身体力行，佛教对其浸染更为深厚。

禅宗基本经典《坛经》作为中国佛学儒学化的代表作，其特点是将佛法心性化、人性化，此经中的心性问题还引发了宋代道学（理学）的开端，促使儒学在宋代的转化。在艺术观念上，《坛经》也对宋代

宋佚名《布袋和尚像》，绢本设色，纵31.3厘米，横24.5厘米，上海博物馆藏

文人画、写意画、水墨画、禅画、书法以及工艺美术等产生重大作用。

"青青翠竹皆是法身,郁郁黄花无非般若",也许在很多中国人看来,禅宗才是受欢迎的佛教门派。的确,禅宗把人们对西方极乐世界的美好愿想拉进了我们的日常生活之中,正所谓花草树木皆能入佛。对于艺术而言,具有禅宗精神的艺术在本质上是自由的,其所反映的客观世界也是自然而真实的。

✦ 布袋和尚——中土化的弥勒佛

在佛教图像中,宋佚名《布袋和尚像》颇具特色。在这幅图像中我们能看到一位笑容满面的布袋和尚正倚靠在一块巨石上,他裸露着上肩,一片洒脱泰然之情。布袋和尚面部丰满圆润,眼睛和眉毛向下弯曲,嘴部大张而笑。在图像的刻画中,布袋和尚的面部及五官用爽滑的细线精细描绘,胡须毛发纤毫毕现,袈裟则用大笔豪放挥洒而成,寥寥数笔,笔触明显,粗放之中显示着造型的精准,艺术语言对比强烈,但是颇有一种浑然天成的感觉。布袋和尚倚靠的大石则用留白的方法处理,其以白当黑,以虚当实,形式上是空的,内容上却是满的。这幅图像将布袋和尚表现得神态活现,笑容可掬,虽有嬉笑怒骂、玩世不恭的一面,却又显示出宽厚仁慈、悲天悯人的另一面。

"开口便笑,笑古笑今,凡事付之一笑;大肚能容,容天容地,于人何所不容。"其实布袋和尚的早期原型是佛教中的弥勒佛。弥勒佛来到东土之后便逐渐开始了中国化的进程,从原本庄严肃穆的未来佛慢慢变为与凡人有着近似面容且无时无刻不满面笑容的布袋和尚。这种佛家人物形象的转变正好顺应了佛教在中土人世间的普及,让普通大众都能欣然而受之。

布袋和尚的出现源自五代的民间传说。大约在五代以后,江浙一带的寺院中开始出现"笑口弥勒佛"的塑像,据说这是按照契此

和尚的形象塑造的。据《宋高僧传》载，契此是五代时明州（今浙江宁波）人。他身材矮胖，大腹便便，经常手持锡杖，杖上挂一布袋，在江浙一带行乞。他言语无常，但能预知晴雨，"天将雨，即着湿布鞋；亢旱，即曳木屐。居民以此为验"。与人言吉凶颇为应验，因其总是带着一个布袋，故被称为"布袋和尚"。

✦ 浓淡墨色，维摩演教展画卷

据画史记载，北宋著名画家李公麟首创"白画"，主要以墨笔在纸上勾线，在十分完善的线描基础之上稍微加以淡墨渲染，不设其他颜色，十分朴素。在"白画"的流传与发展过程之中，这种技法又被后人不断地加以简化而形成纯粹的白描，即只有单线勾描，而不再用淡墨渲染。元代以后的白描人物画几乎不用淡墨，只使用线条。这种白描手法一直流传至今。

《维摩演教图》是李公麟的传世代表作。此作画一位老者袒腹坐于长榻，倚着凭几，竖起右手食指与无名指，正与坐在对面须弥座上的一位菩萨讲话。这两人的周围围绕着十余位罗汉、僧人、居士、天女、天王、武将、童子、狮子等，皆聚精会神地聆听二人对话。

当我们熟悉了佛教《维摩诘经》之后，就会明白画中描绘的内容。维摩诘是与佛祖释迦牟尼同时代的居士，佛法修为极高，还是一位善于辩论的著名人物。有一次他装病在家，释迦牟尼派文殊菩萨前来探病，维摩诘借此机会向文殊等人宣讲大乘教义。坐于长榻之上的老者正是这一画面的主角维摩诘，对面的文殊菩萨脚踩莲花，双手合十，神情恭敬，看起来对维摩诘的说法心悦诚服。画面的中部还画有一位天女故意往释迦牟尼的重要弟子舍利弗身上撒一种沾衣不坠的花瓣，这令舍利弗躲闪不及，连忙振衣抖拂。维摩诘见此情景当即指出修行者应视万物皆空。《维摩演教图》意在表现维摩诘对佛教教义的精辟理解以及在谈话中具有的非凡睿智。

这些佛教人物，在李公麟画中全部中国化了，神态动作生动、形神兼备。这源于他对现实社会生活细致深入的观察与理解。在这幅作品中，维摩诘被画成了一位中土文人，文殊则被画成了一位恬静娴雅、面庞丰腴的中土女子，散花的天女则是一位打扮可爱的宫女。这种佛菩萨形象的中国化、世俗化、生活化是佛教图像在中国的重要发展。人与神，在李公麟等中国画家的笔下是难分难解的。

李公麟仅用白描这种朴素的绘画方式就将一个复杂的佛教故事场景表现得繁而不乱，各个人物活灵活现，呼之欲出。除了他的高

北宋李公麟《维摩演教图》，纵34.6厘米，横207.5厘米，北京故宫博物院藏

宋式艺术生活

北宋李公麟《维摩演教图》局部

202

超技巧，还在于其深厚的佛禅修养。自唐代以来，维摩诘这个佛教人物就一直受到中土文人士大夫的喜爱，到了宋代，此风更盛。文艺涵养精深的李公麟在刻画这一形象时，又有了自己独到的见解。和唐代敦煌壁画里一系列的维摩诘形象相比，《维摩演教图》中的维摩诘形象更加具有书卷气息，显然是李公麟这一类宋代精英文人心目中的饱读诗书、精通佛禅的居士化身。

宋式艺术生活

南宋刘松年《罗汉图》，绢本设色，纵117.4厘米，横56厘米，台北故宫博物院藏

✦ 穿人字拖的罗汉

罗汉，是阿罗汉（梵语 Arhan）的简称，还被译为尊者、应真等，是小乘佛教里佛弟子修证的最高阶段。作为中国佛教绘画创作的重要题材之一，罗汉图像起于六朝，中晚唐兴起，盛行于五代、宋元，传承至明清时期仍有发展，至今依然受到人们喜爱，日本亦藏有许多宋代罗汉像。

罗汉图像在宋代盛极一时，文人们喜于欣赏，贵族们惯于收藏，商人们勤于供养，画家们乐于创作，因此从十六罗汉，到十八罗汉，到五百罗汉，内容、题材层出不穷。

台北故宫博物院藏有南宋刘松年所绘《罗汉图》，此画为绢本设色，纵56厘米，横117.4厘米，画面左侧题款为"开禧丁卯刘松年"。刘松年（约1155—1218）是南宋孝宗、光宗、宁宗三朝的宫廷画家，由题款可知此图为刘松年作于南宋宁宗开禧三年（1207）。

此幅《罗汉图》中的罗汉绘有头光，面相较为怪异，表情略显幽默，身披袈裟，上面的纹饰被描绘得细致入微，其装饰样式与刘松年的另一幅罗汉画《猿猴献果图》如出一辙。罗汉双手持杖，惬意地坐于屏风前的藤墩之上，特别引人注意的是，他竟然光脚穿着一双"人字拖"。人字拖，即平底人字拖鞋，也叫"夹趾拖鞋"，英文为 Flip-Flops，如今十分流行。单听穿人字拖踢踢踏踏的声音与节奏，就已传达了随意、轻松、自在与任性。

刘松年《罗汉图》中罗汉所穿的人字拖结构简洁、造型精美，有三根红色系带，其最高端嵌了一颗宝石，宝石周边镶有花边。人字拖的鞋底设计成多重弧形，看起来十分合脚。这幅人字拖图像堪称史上最早的描绘精致的人字拖图像。

罗汉的面前绘有一位弯腰仰首的年轻僧人，他手持经书，在向罗汉请教，神态谦恭。罗汉则在沉思，好像正在思考如何回答这位

南宋刘松年《罗汉图》局部

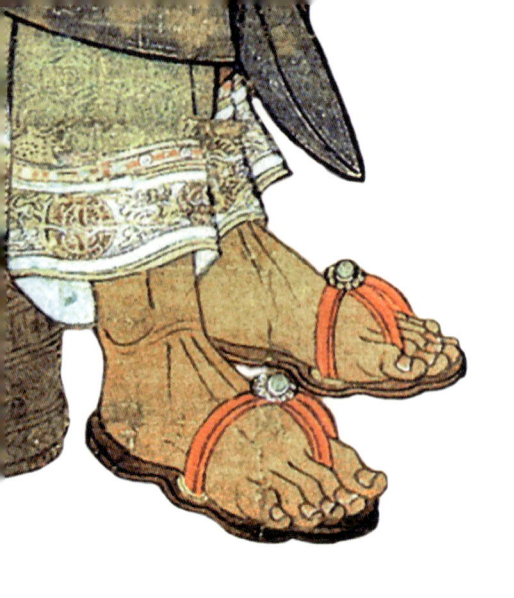

僧侣提出的问题。这位向罗汉请益的年轻人带袜穿着一双编织较为精致的草鞋，与罗汉的人字拖构成鲜明的艺术形式对比。

宋代还有一些关于这种人字拖的文献记载。例如，南宋时出仕广西的官员周去非（1135—1189）是一位地理学家，他在所写的《岭外代答》中的《皮履》中，记载了当时的交趾（今越南）人穿的两种皮拖鞋：一种是以皮为底，中间有一个一寸多长、带骨朵头的小柱，用脚趾夹住即可行走；另一种具有十字形的红皮，倒置其三头安在皮鞋底上，脚穿起来可以行走。他认为这些皮拖鞋的形状，和当时画中的罗汉所穿一样，是闲居时所穿。周去非还在此书的《故临国》中描写故临国（与当时的阿拉伯帝国相邻）人也穿着红皮拖鞋，和画中罗汉所穿一样。

在宋代美术史上，的确如周去非所述，这一时期的许多罗汉图像中均画有穿着人字拖的罗汉。例如，日本东京国立博物馆藏有十幅南宋金大受所画的《十六罗汉图》，其中的数位罗汉均穿人字拖，

南宋金大受《十六罗汉图·跋陀罗》中的罗汉所穿人字拖，原图绢本设色，纵172厘米，横77厘米，日本东京国立博物馆藏

甚至有两位罗汉的侍者也穿着人字拖。画家们在表现罗汉时，热衷于让他们穿着人字拖，看起来十分休闲，说明宋人心目中的罗汉应是淡定自如的。

苏东坡、黄山谷、秦少游等文士莫不爱好罗汉画，在罗汉画上题赞，更成为新的风尚，后世文人争相仿效。自题赞的内容看来，这一时期已不再热衷于考证罗汉的生平史实，也主要不在于顶礼膜拜，而是倾心于那种具有无量神通，又能清勤自持、任性自然的本色。这种风尚既受到当时禅学盛行的影响，也受益于魏晋以来的道家思想，不再束缚于宗教的严肃性，有机融入了大量的生活气息。因此，刘松年能对罗汉做这样生动的生活化处理是符合当时的时代语境的。

南宋李嵩《货郎图》,绢本设色,纵 25.5 厘米,横 70.4 厘米,北京故宫博物院藏

夜市开到凌晨一点

◆ 夜市是繁华商业的注脚

中国历史上,大多数王朝都实行严格的"宵禁"政策,但北宋的夜市却拥有着无法比拟的活力。凌晨一点的汴京城,依旧可以看到人流如织、灯火璀璨。

夜市的出现突破了营业时间的限制,北宋开封和南宋临安的市场商业气氛较以前更为浓厚。据《东京梦华录·州桥夜市》记载,北宋开封的夜市营业时间被允许延长到三更甚至四更。古时一夜分为五更。和现在的时间对应大约是这样的:一更 19—21 时;二更 21—23 时;三更 23—1 时;四更 1—3 时;五更 3—5 时。

另据《宋会要·食货六七之一》记载:"太祖乾德三年四月十三日诏:开封府,令京城夜市至三鼓以来,不得禁止。"北宋蔡京之子蔡絛在其《铁围山丛谈》卷四中描述北宋都城开封街头为"人物嘈杂,灯火照天,每至四鼓罢"。而且在都城里,从事商业的空间扩大到除了皇宫以外的各条街巷,甚至扩大到城郊。

汴京的夜市发展得益于商业的发展。北宋的各大城市,既无唐代长安、洛阳那样的坊(居住区)与市(贸易区)之别,这使得市井贸易发展迅速;又无昼与夜之界,这使得汴京的夜市非常著名。南宋的商业甚至比北宋更为发达,除临安外,建康、平江、成都、鄂州、福州、泉州、广州等城市,人口都很多,也均是著名商埠。

◆ 交往尽在市场中

北宋神宗熙宁年间（1068—1077），全国的城镇多达1800个，多数分布在南方，南方诸路就有1300多个。这些新兴的商业城市改变了原来的州郡格局和性质，由区域单一的政治中心变为政治和经济的双重中心。此外，在城市城墙外周围的广大地区，也突破了以前的"市"制，逐渐出现了新兴的商业区——镇市和草市，有些镇市和草市还因贸易发达和人口增加，逐渐发展成为州县的一部分，有的甚至成为独立的小城市。城乡之界也逐渐模糊，使得商业与手工业的发展不再受到区域的束缚而蓬勃日上。集镇的发展增进了宋朝经济的繁荣，集镇的出现及分布也影响着风俗画的发展，集镇生活也成为两宋风俗画家的重要创作内容。

"清明上河"是北宋的民间风俗，类似现在的节日集会，人们进行各种商贸活动。北宋张择端的《清明上河图》采用散点透视构图法，生动记录了北宋都城汴京繁荣的景象，成为宋代风俗图像的典范之作，对后世影响甚大。画面中有茶坊、酒肆、脚店、肉铺、庙宇、公廨、药店、修车，甚至看相算命、修面整容，各行各业，应有尽有；大的商店门首还扎"彩楼欢门"，悬挂市招旗帜，

招揽生意；街市行人，摩肩接踵，川流不息。

宋朝市场上的商品种类繁多，居民的生活用品几乎都要到市场上购买。在当时的汴京市场上，不但能买到北方的牛羊马匹，南方的水果干品，江淮的粮米鱼虾，而且能购得沿海的海产品，福建、杭州的印本，名窑的瓷器等。市场上的热销货物甚至还有来自海外的日本扇、高丽墨以及大食（阿拉伯）香料等。这些有力促进了基层经济的发展，提高了老百姓的生活水平，也为风俗画家们提供了重要的创作素材。

据宋代吴自牧《梦粱录》记载，南宋临安市场上的各类商品多达414类，一些城市居民甚至还是奢侈品的消费者，据南宋王迈《丁丑对策》记载："士夫一领之费，至靡十金之产，不唯素官为之，新仕尤效其尤者；妇女饰簪之微，至当十万之直，不唯巨室为之，而中产亦强仿之矣。"在这种消费气氛的刺激下，市场日趋繁荣。

北宋张择端《清明上河图》局部，绢本设色，全卷纵24.8厘米，横528.7厘米，北京故宫博物院藏

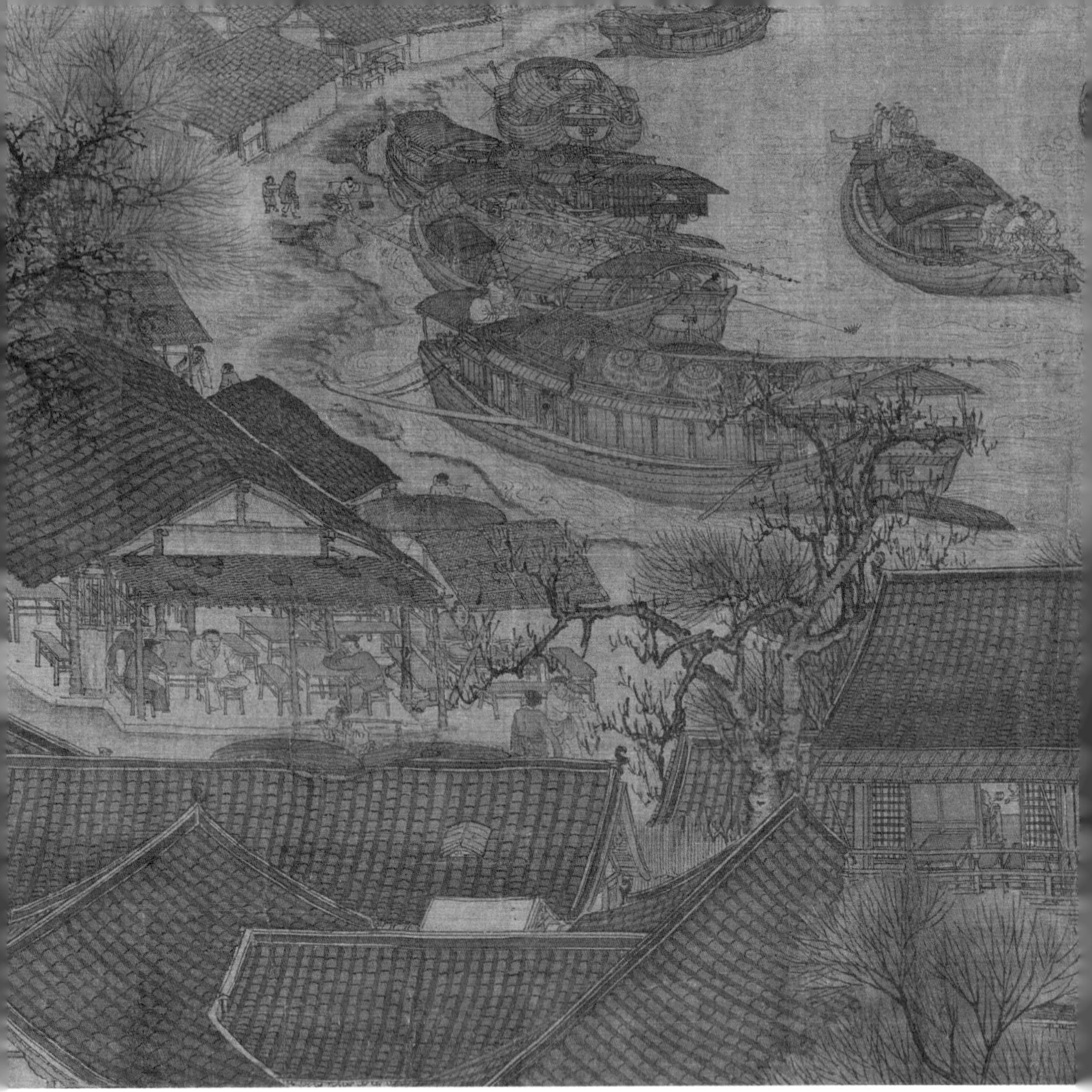

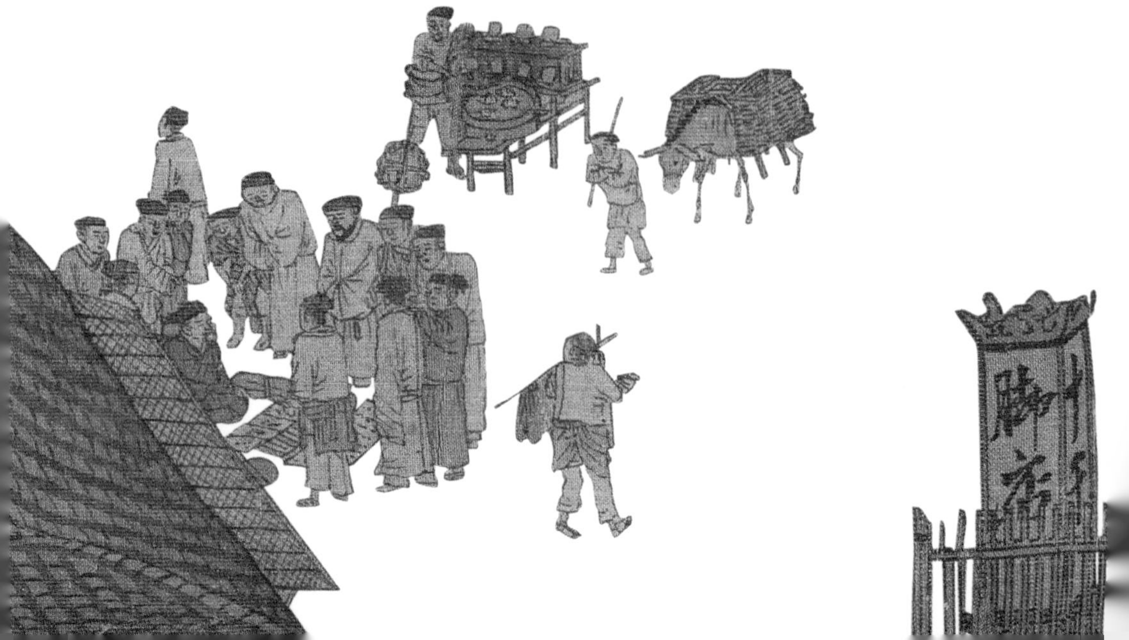

十千
脚店

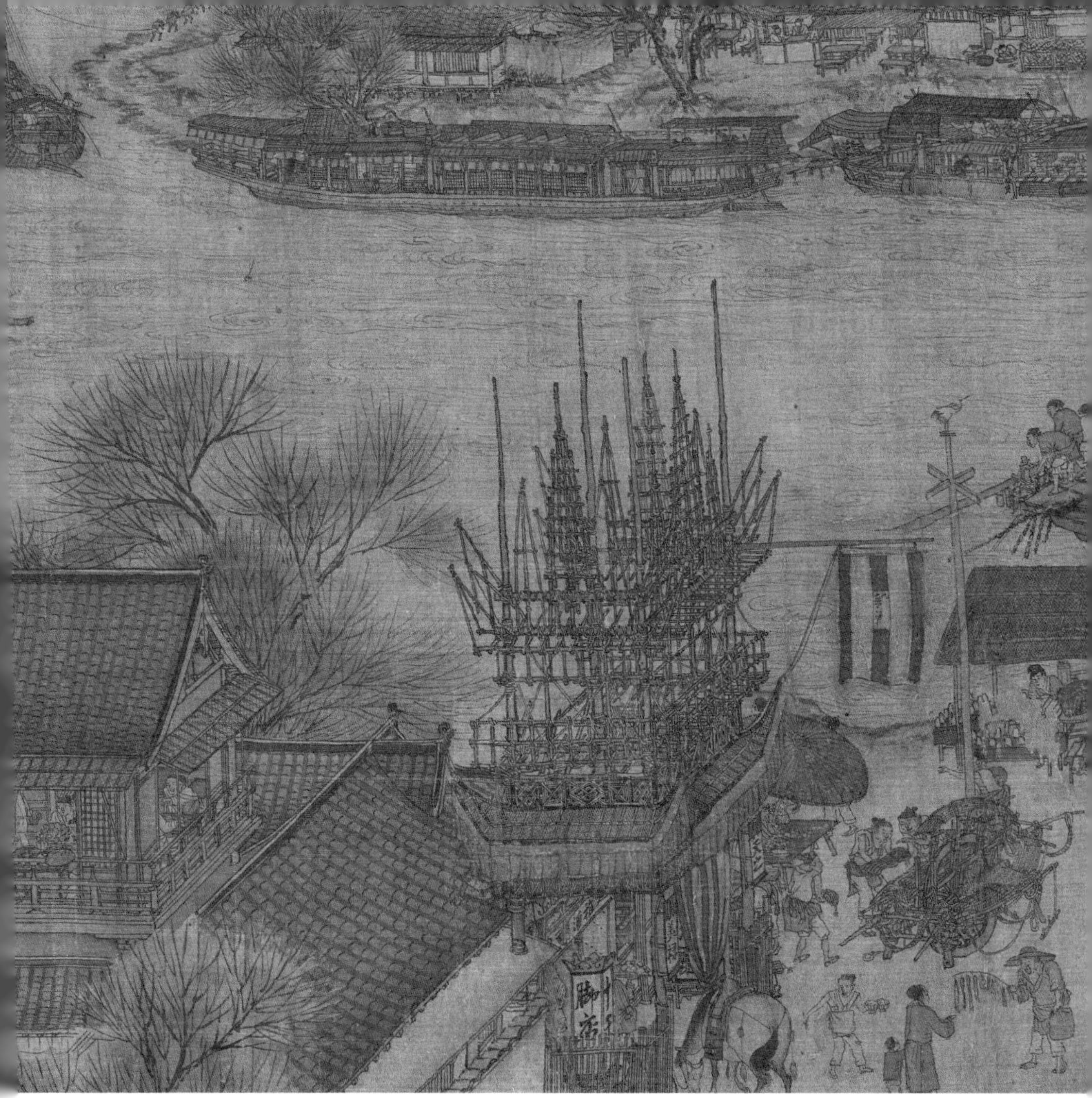
脚店

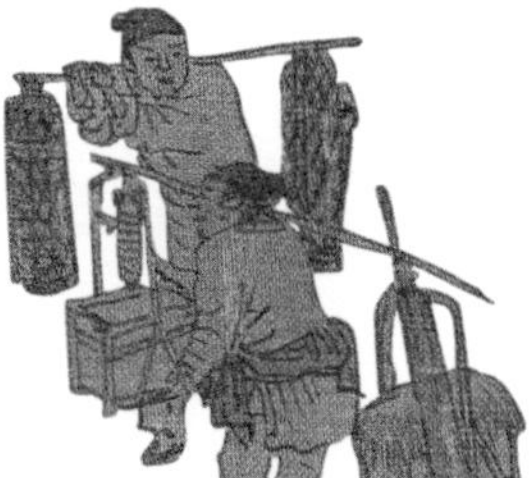

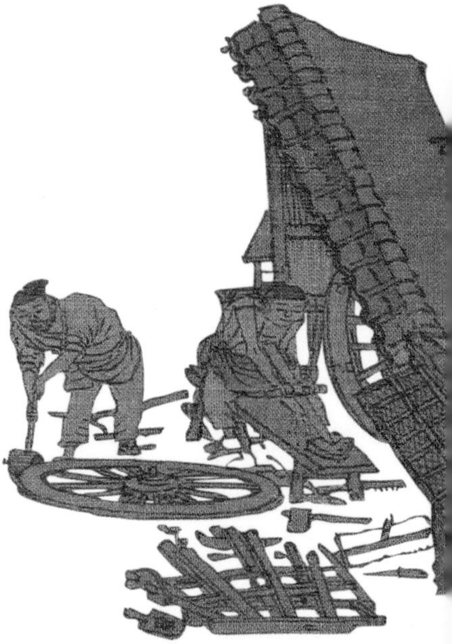

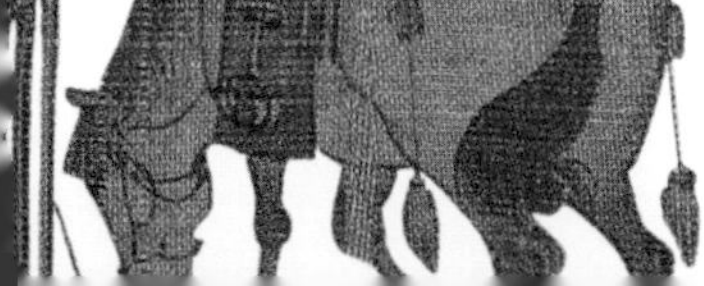

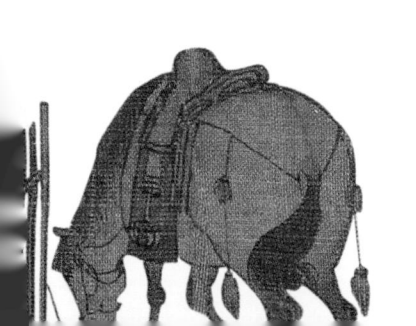

✦ 商品远销海外

宋朝与周边国家的贸易主要在榷场进行。北宋时期，在与辽的交界处设立榷场；南宋时期，在与金和大理的交界处设立榷场。宋朝出口茶叶、瓷器、药材、棉花、犀角、象牙等货物，进口马匹、毛皮等货物。

宋代海外的交通与贸易比前代更为发达与兴盛，其技术基础的因素在于罗盘的发明和使用以及海船制造技术的提高，其国家政策的因素则在于通商口岸的增加。唐代沿海的通商口岸仅有登州和广州，海船航程最远到达波斯湾一带。宋代沿海通商口岸则陆续增加，前后有广州、泉州、明州、杭州、密州等十多处，海船的航程更是延伸到红海口和东非诸国。这样一来，宋朝的大批农产品、手工业产品、铜钱等运往海外各国。由于宋朝的铜钱信用佳，曾被大量走私到东南亚和西亚国家与地区，当时的朝鲜和日本甚至一度停用自己的货币，改用宋钱，宋钱成为大受欢迎的硬通货。

在当时与中国通商的国家有欧亚地区的数十个国家。宋朝出口的货物有丝绸、茶叶、瓷器、纺织品等，进口货物有象牙、珊瑚、玛瑙、珍珠、乳香、香料、胡椒、玳瑁等。宋朝市舶司每年征收进口货物

的税收，北宋仁宗皇祐（1049—1054）年间为53万贯，北宋英宗治平（1064—1067）年间为63万贯，到了南宋绍兴（1131—1162）年间更达200万贯，这约占全国财政收入的6%，对宋代的繁荣起到了重要作用。

  货币流通的新型变化也从另一个角度反映了宋代商业的进一步发展。衡量一个社会商品经济发展程度的重要标准是支付手段，北宋时商品流通和支付的手段主要是铜钱，每年的铜钱铸造额要比唐代多几倍到十几倍。南宋时主要的支付手段则是纸币"交子""会子"，金、银等金属的货币机能在不断增大，而绢、布等传统辅助货币的支付作用在逐步缩小。

  商业经济的发达使宋朝的财政收入为历代之冠，北宋极盛时岁入白银一亿六千万两，这大约是明朝的十倍，这得归功于宋朝重视商业的发展，其财政总收入约有70%源于商业。

北宋张择端《清明上河图》中的货船

◆ 全民经商，出家人亦做买卖

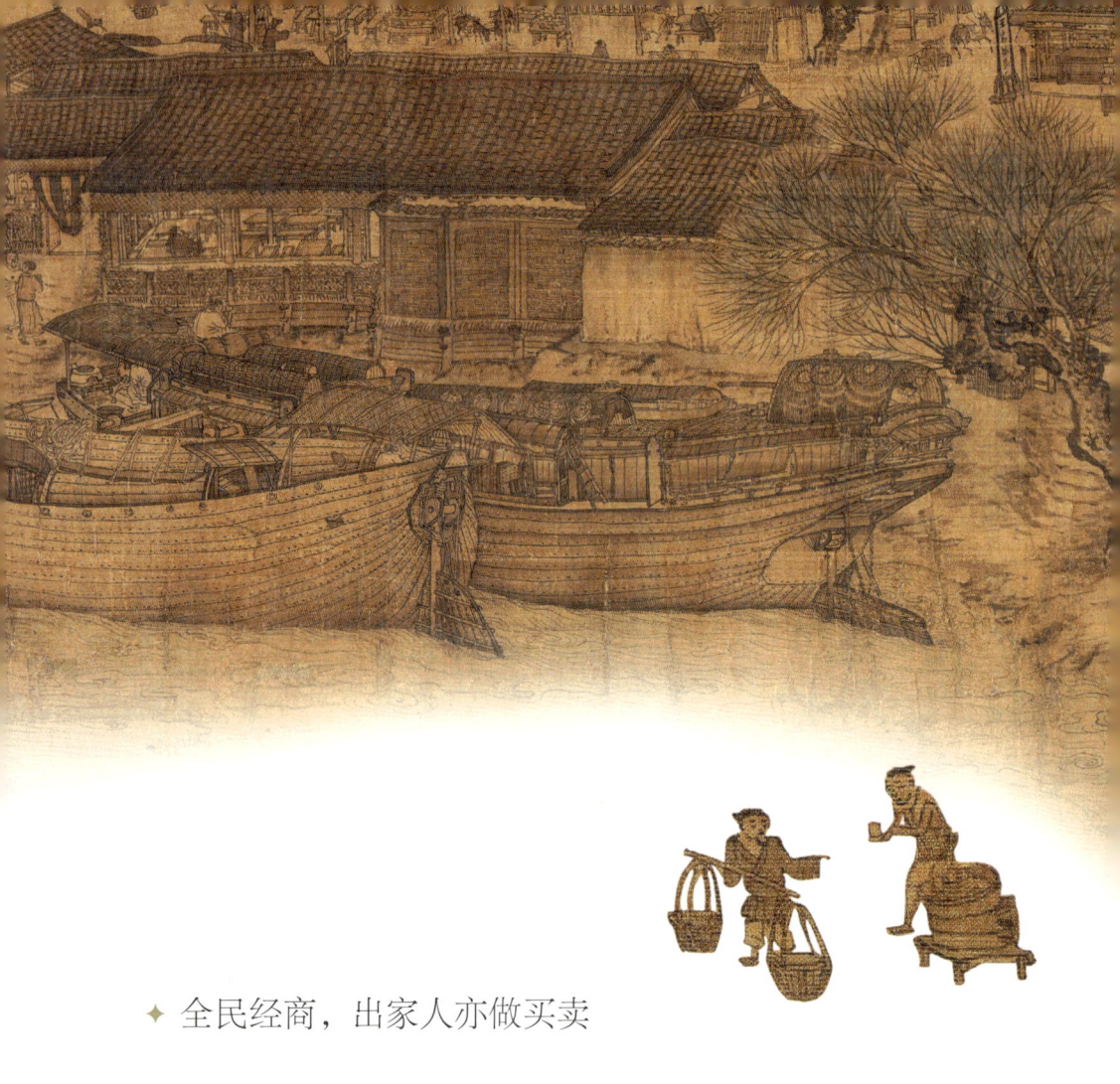

在商品经济的冲击下，宋代的社会生活之中甚至形成了一种"全民经商"的态势。宋代经商群体的构成除职业化商人之外，还包括了依赖国家供给的军人、官吏、皇室成员和享受国家优惠政策的宗教界人士。在一般逻辑上，他们经商营利的行为超出了其职业的范畴，也多为国法和传统道德规范所不容。但若将其放入特定的历史发展语境中去考察，就带有一定的合理性。

僧侣道士开始从事商业买卖一类的经济行为与宗教日益世俗化的大背景密切相关。宋代以前的寺院经济主要立足于土地，随着社会经济的发展，寺院经济也开始转向寺院手工业和商业发展，因为这一时期财富的标志除了土地以外，手工业和商业产品也是其中的重要组成部分。著名历史学家漆侠在其《宋代经济史》中认为，以

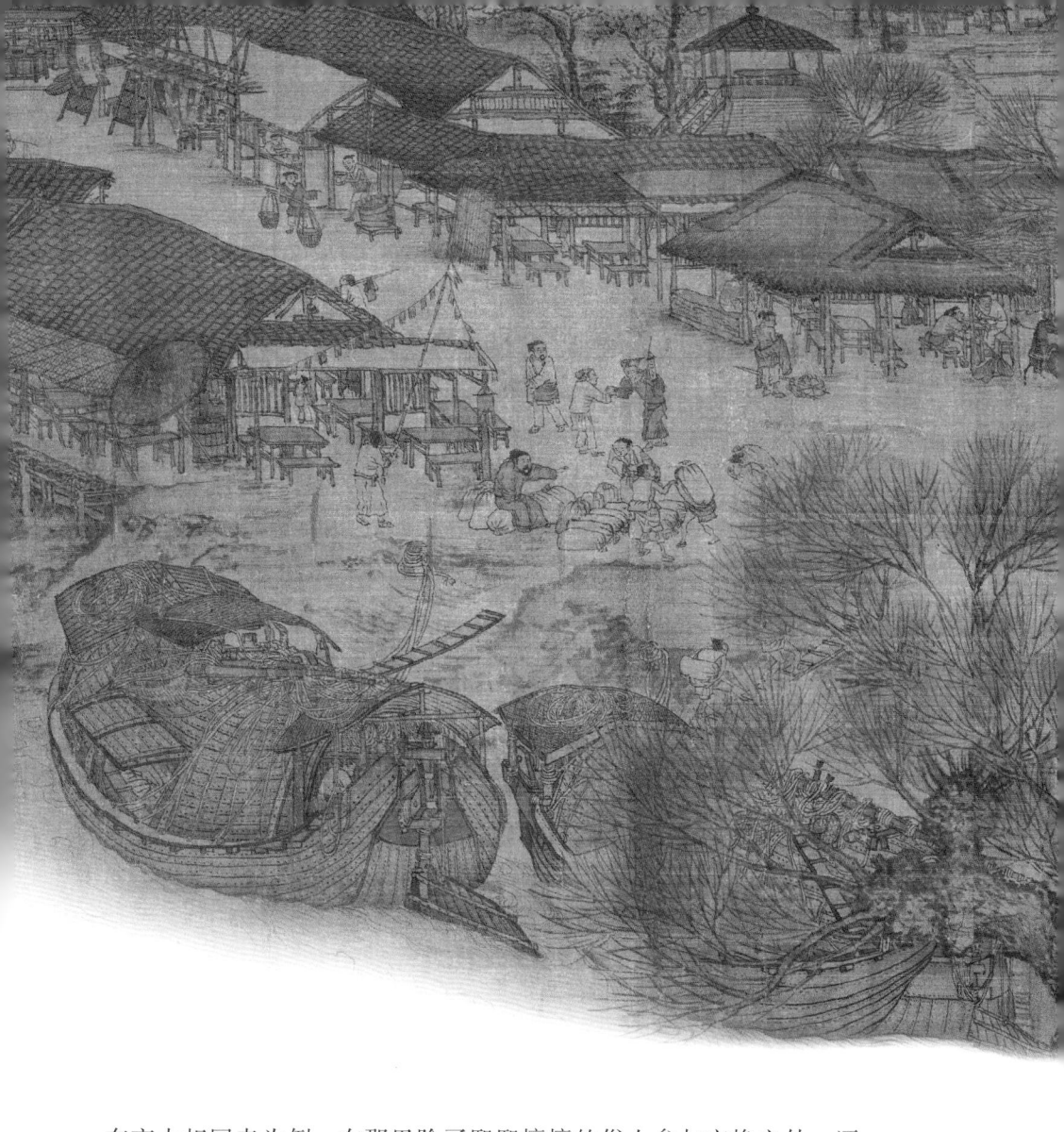

东京大相国寺为例，在那里除了熙熙攘攘的俗人参与交换之外，还有所谓的"王道人"自制"蜜煎"出售，"诸寺师姑"自制"绣作、领抹、花朵、珠翠、头面、帽子、冠子"出售，而天下闻名的"寺绫"也开始从寺院自我消费走向市场买卖。据宋代孟元老《东京梦华录》记载，寺内"每遇斋会，凡饮食茶果、动使器皿"也要以金钱论价，"虽三五百分，莫不咄咄而辩"。虽然这种争利场面与宗教人士清净无为、淡泊名利的本分似乎格格不入，但是在全民经商的大潮下，宗教人士为了寺庙事业的发展而获得利益，这在时人看来也是自然而然的，成为宋代商品经济格外发达的一个另类缩影。

新年文官当门神

✦ 因时损益的门神像

在中国传统民俗中,新年到了,人人均要穿新衣,尝美食,放炮仗,家家户户贴春联,贴门神。以贴门神为例,大门、二门、内房门与后门张贴的习惯大概为:大门张贴武门神,主要有秦琼、尉迟恭、神荼、郁垒、钟馗、赵云、关羽等;二门张贴文门神,主要有包拯、文天祥、财神以及"状元及第""天官赐福"等;内房门则主要张贴"麒麟送子""古装美人""和合二仙""麻姑献桃"等;后门张贴的门神主要有魏徵等。这些均是唐宋以来形成的重要民俗传统。

自唐代开始,大门的门神一向以能辟邪御敌的勇猛武士来充当,唐太宗的大将秦叔宝、尉迟敬德占据了门神的霸主地位,另外还有神荼、郁垒、钟馗等,他们均被叫作武门神。

苏轼曾对僧人参寥讲过一个笑话,翻译成白话文为:"有户人家,门板上贴着门神,门楣上挂着艾人,门槛下钉着桃符,都是用来辟邪的。忽然桃符抬起头来,骂艾人道:'你是什么东西,一把草叶子,居然爬到我的头上来!'艾人低头看了桃符一眼,也骂道:'半截身子都埋到土里去了,还敢同我争高下!'二者吵得不可开交,门神实在看不下去了,劝解道:'吾辈不肖,傍人门户,还有工夫在这里争闲气?'"(苏轼《东坡志林》卷十二)

本来桃符和艾人的挂高挂矮,钉上钉下,只是民俗习惯。同是傍人门户者，争来争去，并无意义。苏轼借门神之口自嘲，说明宋代门神已不太神圣，更多是民间世俗化的需要，"傍人门户"却因之成为成语。

不但如此，宋代门神图像还出现了其他新题材与新内容。宋人袁褧《枫窗小牍》是一部专门记载北宋汴京见闻以及南宋临安杂事的著作，涉及北宋后期、南宋前期的礼仪、风俗、政事、艺文等佚闻。此书记载："靖康以前，汴中门神多番样，戴虎头盔；而王公之门至以浑金饰之。识者谓，虎头男子是虏（虎）字。金饰更是金虏在门也。"由此可见，北宋末年的京师开封甚至流行张贴"番样门神"，这是一种画成金人模样的新兴门神。给他们戴虎头盔是为了降服他们，因为"虎"像"虏"；以金饰之是为了表达"金虏在门"，即以俘虏的金人守卫门户。这些展示了宋人爱国御敌的精神，也反映了宋代民俗中的一种具有象征主义色彩的精神胜利法。

✦ 文官守门，吉祥如意

军事向来是国家头等大事，所以中国古代的每个王朝无不在政治上推行"崇武"的国家政策。但是，宋太祖赵匡胤自己是以武将身份"黄袍加身"夺取后周政权建宋，他清醒地认识到部将很有可能会而效仿，于是实施"杯酒释兵权"，推行"右文"政策，以文官治国，倡导世人"学而优则仕"。如此一来，宋代文人的政治地位大大提高，待遇优厚。这一政治转变的影响甚大，表现在世俗活动中，即以文官为贵，文官成为富贵、权势、荣耀等美好象征与意愿的代表。

于是，宋朝出现了以文官形象充当门神的新样式，并给门神起了一个别称——"门丞"。据南宋赵与时《宾退录》记载："除夕用镇殿将军二人，甲胄装。门神亦曰门丞，道家谓左曰门丞，右曰户尉。"门丞的图像可见于南宋画家李嵩所绘的《岁朝图》，图中描绘了当时的官宦人家于岁朝（农历正月初一）时下马投刺、主客

南宋李嵩《岁朝图》，纵 40 厘米，横 27.4 厘米，台北故宫博物院藏

互相拜贺、共饮屠苏酒的场景。这户人家不但在大门上贴有头戴金盔、身披铠甲、手握兵器的武将门神，而且在二门上贴有两位头戴硬翅幞头、身穿宋代官服、手捧牙笏的文官门神。

南宋孟元老《东京梦华录》记载："近岁节，市井皆印卖门神，钟馗、桃板、桃符及财门钝驴、回头鹿马、天行帖子。"可见南宋时，除了门神外，一些新的题材，如财神、回头鹿马等具有吉祥祈福性质的年画也出现了。

✦ "不下堂筵，坐穷泉壑"

宋王朝奉行"崇文抑武"的政策为文化艺术的发展创造了相对宽松的政治环境，使宋人在崇尚书画艺术这一文化氛围的熏染之下，又夹杂着对精英文人的艳羡之情。苏轼曾说："可使食无肉，不可居无竹。无肉令人瘦，无竹令人俗。人瘦尚可肥，士俗不可医。"这种崇尚清雅的艺术精神后来逐渐成为社会风尚，也增加了人们对这一类书画艺术的需求与消费。

宋代皇帝提倡文治，热衷于艺术且身体力行，有宋一代，人们由外功转为内省。在文学领域，"诗言志，词抒情"，就是在这一时期，格律严整的"诗"开始让位于婉约抒情的"词"。在绘画领域，恬淡平静的水墨画繁荣昌盛，无论是渔樵隐逸的潇湘八景，还是丘园养素的花鸟虫鱼，均开始流行起来。

中国文人坚守着"达则兼济天下，穷则独善其身"的操守，或居于市井，或退隐山林，达成了文人与封建集权之间辩证式的平衡关系。北宋画院大画家郭熙颇具文人素养，其子郭思将郭熙的画论整理为《林泉高致》一书，影响深远。作者在此书开篇第一章《山水训》中直接提出了关于山水画的功能论，代表了行进于仕途之中的宋代文人画家的基本心态。其中所谓"直以太平盛日，君亲之心两隆""林泉之志，烟霞之侣，梦寐在焉，耳目断绝""不下堂筵，坐穷泉壑，猿声鸟啼，依约在耳，山光水色，滉漾夺目，斯岂不快人意，实获我心哉"，均鲜明地反映了这一时期既在朝廷为官、又有林泉之志的宋代文人心理，因此导致山水画的大盛。这些均与宋代之前的文人士大夫在政治与艺术的驾驭方式上有着很大区别。

陕西韩城盘乐村 M218 北宋墓北壁壁画 纵 86 厘米，横 145.5 厘米

郎中的身后理想国

◆ 事死如生的场景展演

自古以来,医生就在我们的生活中占据着重要的地位,救死扶伤、悬壶济世等等加诸其身的光环不胜枚举。穿越时光去到宋朝,那时的医生又过着怎么样的生活,他们是否畏惧死亡呢,对死后的世界又抱有怎样的想象。2009年出土的一幅宋代壁画告诉我们一位当时郎中的身后理想国。

2009年,陕西韩城盘乐村北宋墓被发掘,该墓女主人手中握有北宋神宗熙宁年间(1068—1077年)的"熙宁元宝"钱币,因此可推断该墓的下葬年代应在北宋晚期,介于神宗至徽宗之间。

墓室内东壁、西壁、北壁上各绘有一幅图像,保存完好,揭示了北宋陕西韩城地区的生活习俗与丧葬文化,具有十分重要的考古与艺术研究价值。壁画系直接绘制在长条砖上,砖缝对接整齐,砖面经过打磨,十分平整,表面还似涂抹树胶,以控制砖面的吸水性,达到作画要求。颜色鲜艳丰富,多为矿物颜料,部分已渗透入砖内。

墓室北壁上的图像纵86厘米,横145.5厘米,位于墓门迎面位置,是主导性图像,描摹了墓主人与工作场景图,反映了墓主人的基本形象与职业特点。壁画中部绘制了墓室男主人的正面像,约五六十岁,留三绺黑须,头戴深色高帽,身穿深色长袍,袖手于胸前,在衣领和袖口处,露出白色里衣。端坐于靠背椅上,椅子的搭脑两端上翘,为宋代流行的"牛头椅"。椅子后面立有黑框屏风，上面书有文字。双足踏于红色足承上，靴子前端呈尖形，向上翘起。

在墓主人的周围还画有其他9人（画面右部4人，左部5人），身材均明显小于墓主人。画面最左端画一年轻男子，双腿交叉坐在地上，双手执杵，正在石臼中捣东西；他对面的年轻红衣男子坐姿与其一样，双手拿着一个筛箩把捣碎物筛到下面的大号箩中；红衣男子的左侧站着一位姑娘，双手端着一个带座的白碗；三人的身后画有一件长案，案上有笔架、砚台和两本书；案后站着一位身穿蓝色衣裤的年轻男子，端着一个大盘，向左侧伸出，似乎正在呼应着从屏风后走出的年轻男子；从屏风后走出的男子端着一个浅色小盘，右小臂上搭着条白巾，似乎正打算将盘里的东西倒进那位案后男子的大盘之中。

画面右端也绘制有一件长案，案上放满了小型葫芦瓶和罐子。案后站立两人，右边的褐衣蓄须男子右手拿着一个药包（上写"白术"），左手也拿着一个药包（上写"大黄"），正在看着左边的白衣男子手中捧着的药书，书上写着书名——《太平圣惠方》；长案的左前方站着一位年轻蓝袍男子，腰系红色腰带，捧着一个深色木盒，盒上隐约写有"朱砂丸"三字。还有一位年轻姑娘正从屏风后走出，斜执一把团扇，露出一半身体。

这幅壁画的上部与穹形墓顶相接，绘有巨大的半圆形装饰图像，高76厘米、宽145.5厘米。图像中部画有太湖石与牡丹花，象征"石生富贵"，左右两侧各绘一只仙鹤，寓意"鹤年长寿"。

✦ 揭秘墓主人身份

当我们深入地关注此画的细节，就会发现其间传达出的两个信息交代了墓主人工作场所的特性：白衣男子捧的《太平圣惠方》是一部宋代著名医书，该书由北宋翰林医官使王怀隐等人奉敕于北宋太宗太平兴国三年（978）编纂，于太宗淳化三年（992）刊印；褐衣男子所拿药包上写的"白术""大黄"是常见的中药名。由此可见，这个工作场所是围绕医药展开的：灰衣男子在石臼中捣的是草药；红衣男子过筛的也是草药；那位姑娘端的白碗中是煎好的汤药，她正在送药；从屏风后走出的男子拟将小盘里所盛的倒进案后男子的大盘中的也是草药；长案上放着的小葫芦瓶和小罐子则是装药容器；蓝袍男子捧着的木盒是装"朱砂丸"的药匣。

这样看来，整个图像所反映的是与中草药相关的一系列加工及后续过程，因墓主人端坐正中位置，形象远大于其他九人，按照"大尊小卑"的传统壁画观念，这些人很可能是他的助手与仆人，因此，图像所营造的环境是一家药铺。由于墓内未发现墓志，根据宋代"非官不志"的墓志制度，墓主人的身份应当是民间的郎中或是药铺老板。看来他对自己的职业还是很满意的，希望将自己平日的工作带入身后的世界。

另外，屏风上以草书题写的两首诗也为我们透露了关于墓主人的一些重要信息，第一首为五言，诗曰："古寺青松老，高僧白发长。夜深禅定后，明□□如霜。"第二首为七言，这是吕洞宾一首七律的前四句，诗曰："琴剑□□□鹤虎，逍遥□托永无愁，□骑白鹿游三岛，闷驾青□□九州。"（《全唐诗》中所录吕洞宾《七言律诗》下《八十九》中原诗则为："琴剑酒棋龙鹤虎，逍遥落托永无忧。闲骑白鹿游三岛，闷驾青牛看十洲。"）从诗中散发的情趣来看，墓主人向往着闲云野鹤的理想生活。

杂剧表演抓拍

◆ 墓中也要看戏

陕西韩城盘乐村 M218 北宋墓西壁上的图像很有特色，绘制的是一个由 17 人组成的庞大的杂剧演出场景。整个壁画纵 86 厘米、横 245.5 厘米，比之前出土的各类北宋戏剧图像规模都要大。

场上人员呈水平式展开，分为乐队和演员两大部分，其中演员 5 人，乐队 12 人。从情节判断，正在表演的也许是一出滑稽剧。一人

埋头坐在红色的椅子上,有两人想要驱逐他,也许是因为他用耍赖的方式抢占了这个座位,急忙之中连笏板都掉在了地上;椅后站立一人,身穿黑袍,右手持方形红牌(可能是"引戏色"的道具),左手向前指着;左边一人正在观望。这5名演员可能就是北宋杂剧中的末泥、引戏、副净、副末、装孤五个角色。乐队中有10位男子,多头戴宋朝长硬翅黑色官帽,身着红色官服,或击大鼓,或击拍板,或吹筚篥,或持笏板;两位女子乐手则头戴团冠,手持竹笙。这一复杂的表演场景图像如同被今日的照相机一下子抓拍了下来。

壁画图像的描绘手法较为质朴,在勾线的基础上以平涂色彩为主,背景比北壁上的图像简单多了,几乎是平面式的,未作过多处理,言简意赅地将这一场杂剧的人物以及情节冲突表达了出来。

杂剧是一种把歌曲、宾白、舞蹈结合起来的中国传统艺术形式,最早见于唐代,和汉代的"百戏"差不多。到了宋代,由于城市商品经济的繁盛,市民阶层对于文化生活的需求,东京出现了集中演出各种伎艺的瓦肆、勾栏,为戏剧向综合艺术发展提供了条件。宋杂剧是在继承歌舞戏、参军戏、歌舞、说唱、词调、民间歌曲等中国传统艺术的基础上融合、发展而产生的。人们即使进入死后的世界也要欣赏杂剧表演,反映出杂剧在当时的流行与时尚。

陕西韩城盘乐村M218北宋墓西壁壁画,纵86厘米,横245.5厘米

✦ 重要的戏剧文物

北宋戏剧文物可分为砖雕和图画两类。

康保成、孙秉君《陕西韩城宋墓壁画考释》认为，杂剧砖雕在每块砖上雕出一到两个杂剧的角色，所以很难说明相互之间是否连属，更难以判断是否正在演出杂剧。河南偃师县的宋墓砖雕，河南禹县的白沙宋墓砖雕均如此。1982年在河南温县前东南王村宋墓发现的杂剧砖雕，虽将五个角色雕在一块长方形青砖画面上，但依然是五个角色个人单雕，彼此之间未见交流。

在反映戏剧演出的图像中，当以河南荥阳发现的北宋绍圣三年（1096）石棺上的夫妇宴饮观看杂剧演出的图像最有价值。该图像上有四个杂剧角色，正在演出一出滑稽短剧，但图像上未见乐队伴奏。

北宋杂剧演出是否有乐队伴奏曾经一直是学术界争论的话题。河南禹县白沙宋墓壁画图像与河北宣化辽墓壁画图像，虽有规模较大之乐队，但出场表演的演员却只有一人，被专家断为大曲演出，根本算不上是戏剧。

而这幅韩城宋墓壁画，是国内同类宋代壁画图像中规模最大、最为完整的一幅，其上绘制了乐队与演员构成演出整体。它的出土，具有极高的戏剧史料价值，是研究北宋杂剧艺术与民俗传统的重要资料。

韩城位于陕西关中平原东北部的黄河之滨，是《史记》作者司马迁的故乡，盘乐村位于韩城市新区东南部，东距黄河一公里。由于这座墓室未受淤土侵入和人为盗掘，墓内壁画以及砖榻等物保存完好，成为国内宋代考古的重大发现。

人见人爱婴戏图

◆ 王朝繁盛，人口增长

由于五代十国时期地方割据、年年内战的局面刚结束，据官方的户口统计，宋太宗末年的全国仅400多万户。但是到了宋仁宗末年已增至1200多万户；到了神宗时期，据《元丰九域志》记载，元丰年间（1078—1085）全国有1600万户；据《宋史·地理志》记载，徽宗崇宁元年（1102年）全国有近2000万户。

据包伟民、吴铮强《宋朝简史》统计，北宋徽宗大观三年（1109），北宋全国户数达到20882258户，这是目前现存北宋最高户数的记载。按照每户平均5口半计算，再加上7%未列入统计范围的户数，这一时期应约有22344016户，122892088口。由于大观三年距导致人口大幅度减少的"靖康之难"（1125）尚有16年，可以认为宋代人口的真正峰值的出现应在大观三年以后。按以徽宗时的户年平均增长率5‰推算，至宣和六年（1124），可达1.235亿口。这样，可以推算出整个北宋时期人口的平均增长率大致在8.4‰。这些数据说明了北宋后期是清代乾隆朝之前中国人口最多的时期。据《高宗实录》卷一五七记载，清高宗乾隆六年（1741）时全国的人口为1.4341亿。

金人南侵、北宋覆灭之后，中国出现了北方人口大量南迁的现象。第一次南迁高潮是从"靖康之难"到《绍兴和议》签订，第二次南迁高潮是在金主完颜亮南征期间，南方人口因此大量增加。根据估计，南宋全国人口最高时达到 8500 万。

再据包伟民、吴铮强《宋朝简史》统计,从宋孝宗统治时期开始,南宋人口逐渐增长,绍熙元年(1190)全国著籍 1235 万户。嘉定十六年(1223)1267 万户,为现存南宋人户最高记载,另加 7% 未著籍人户,约合 7456 万口。若加上金朝末年原属北宋疆域地区的户数 581 万,当时南北方全部人口可达 1937 万户,1.654 亿万口。

✦ 婴戏图寄托美好向往

随着人口的大量增加,宋朝大型城市逐渐增多,其中 10 万户以上的城市有 50 个,北宋的都城开封人口超过 100 万,南宋末年的临安有 39 万户,人口 120 余万,成为当时中国的第一都会。

在宋代,"婴戏图"这一题材的图像十分流行,这与朝廷对人口增长的希望以及人们对于多子多孙的渴求密切相关。宋代的民间画师也有一些具有传奇色彩,善画婴戏题材的杜孩儿以其绝活而得名一时,其作品甚至被画院画家追慕以备宫廷之需。据南宋邓椿《画继》卷六《人物传写》记载:"杜孩儿,京师人。在政和间其笔盛行,而不遭遇,流落辇下。画院众工,必转求之,以应宫禁之须。"

宋佚名《浴婴图》页,线条自然流畅,设色淡雅明快,气氛温馨和谐,为宋代婴戏图中的优秀之作。图像中一共出现了三位妇女和四个婴儿,共七人。他们可以分为三组。最吸引观者的是中间那一组,一小孩坐于椭圆形的澡盆里,双手上抬,看起来很享受沐浴的乐趣;他身后是正在为其沐浴的妇女,正仔细地擦拭着婴儿的身子,深怕有没洗到的地方;澡盆边有一穿红裤衩的婴儿双手抓着澡盆的边缘,好像在等待洗澡。图像的右侧为一组,一位妇女正下蹲给婴儿穿衣服。图像的左侧为一组,一婴儿偎依在坐在藤墩上的妇女身上,似乎正在撒娇。

《浴婴图》中的场景颇具人情味,有已经沐浴完毕的婴儿,有

正在沐浴的，有等待沐浴的，有正在着衣的，这一连串的过程，作者在咫尺的空间里安排得有条不紊，浓浓的生活气息溢出画面。宋人王桓《宜浴温泉》诗云："上方新浴觉身轻，恰喜温和水一泓。"在《浴婴图》中，给婴儿沐浴的妇女褪去宫廷雍容浮华的外表，一片爱心被自然而然地展露出来。正在享受沐浴过程的婴儿似乎对世间万物充满了好奇，无邪的童真在不经意之间占据读者的感官世界，带动他们回忆童年的乐趣与温馨。

这一时期的瓷器上也不乏婴戏图。譬如，河北磁县博物馆所藏的金代白地黑花八角枕上面就描绘了一幅《童子放风筝图》。宋金

宋佚名《浴婴图》，绢本设色，纵23.2厘米，横24.7厘米，美国弗瑞尔美术馆藏

时期十分流行瓷枕，这一时期的墓中多有发现，但不全是明器，有些瓷枕上呈现出的实际生活的痕迹也较为明显。这幅画在枕面上的《童子放风筝图》形象生动活泼，线条概括肯定，图式简洁空灵，堪称磁州窑这一题材图像的代表作之一。民间画工围绕八角形，还绘制了由一粗一细的文武线构成的八角边框，使得中间的童子放风筝形象十分突出。

磁州地区虽然在金人统治之下，但是北宋以来的汉人的文化习俗、审美情趣却一直在延续，因而婴戏纹在许多形式的艺术载体上均有出现，他们的形象或一或二，或三或五，或攀树折花，或玩水洗澡，或追逐嬉戏，惹人爱怜，招人喜欢，生活气息十分浓厚。工匠们之所以如此描绘与制作，主要是服务于这一时期人们渴望安居乐业、多子多福的吉祥心理。婴戏内容承载的物质形式也各式各样，或做成瓷塑，或制成瓷枕，或饰于碗心，或饰于瓶腹，不一而足。

金代《白地黑花童子放风筝图》八角枕，磁县博物馆藏

骷髅幻戏悟人生

◆ 骷髅成为画家创作的主题

　　骷髅是死亡的象征，也是危险的标志，而当下的一些视觉设计者还常常将骷髅化作时尚的元素。就宋式艺术生活而言，骷髅一度也成为感悟人生的叙事元素而进入画家视野，且被一再描绘。

　　南宋著名画家李嵩绘有《骷髅幻戏图》存世。此图左边画一大骷髅，头戴幞头，身着薄衣，手提一小骷髅做提线木偶表演。他的演出吸引了一小孩手足着地地爬过来，想要用右手抓这个小骷髅。小孩身后的一妇人正在伸手阻拦。大骷髅身后有一妇人，袒胸露乳，喂哺幼儿。大骷髅的右侧放着货郎担，陈放悬挂了许多杂货，由此可见，这个大骷髅是一个走街串巷、兜售杂货的货郎，他手中的提线骷髅木偶是一件玩具。画中人物的背景是一座砖砌的地标台，上有"五里"二字，应是某地名的最后两个字。

　　清代厉鹗《南宋院画录》卷五引明代吴其贞《书画记》记载："李嵩《骷髅图》，纸画一小幅，画在澄心堂纸上，气色尚新。画一墩子，上题三字，曰'五里墩'，下坐一骷髅，手提一小骷髅，旁有妇乳婴儿于怀，又一婴儿手指着手中小骷髅。"吴其贞说的这幅《骷髅图》是画在澄心堂纸上的，画中墩子上的题字为"五里墩"，看来应是李嵩画的另一幅《骷髅图》。

　　在题材上，此画属于李嵩最为擅长的货郎画，但是与其他货郎

宋式艺术生活

画（如北京故宫博物院藏《货郎图》、台北故宫博物院藏《市担婴戏图》、美国克利夫兰美术馆所藏《货郎图》、美国大都会美术馆藏《货郎图》等）不同的是，画中货郎以及手中的提线木偶的形象均是骷髅，恐怖而诡异。

提线木偶也叫悬丝傀儡、提线戏或线偶。木偶的头、腹、背、手臂、手掌、脚趾等部位缀以丝线，演员表演时拉动丝线便能操纵木偶动作。宋代是提线木偶戏的兴盛时期，都市的瓦舍勾栏里常年均有上

南宋李嵩《骷髅幻戏图》，绢本设色，纵26.3厘米，横26.5厘米，北京故宫博物院藏

演，乡下也有走村串庄的流动演出。这些在宋代文人的笔记史料（如南宋灌圃耐得翁《都城纪胜·瓦舍众伎》等）中皆有记载。在今天我国的福建、台湾，以及日本、缅甸等地仍能看到类似的提线木偶戏。

✦ 骷髅画背后的死亡观

人死之后会变为骷髅，最后化为尘土，因此骷髅在中国的文化与民俗中象征着死亡，这是易于理解的。不过，大骷髅摆弄着小骷髅，吸引着尚不会走路的小孩子，甚至连尚在吃奶的婴儿、哺乳的母亲、带孩子的年轻妇人也被画入其中，这又寄托了一系列深层的含义：死与生，生与死，休戚相关，生生不已；生死转化，因果轮回；人生如梦，人生如戏；操纵者与被操纵者的关系。当然，无论是操纵者还是被操纵者，最终只有看破生死，才能剔除烦恼，进而获得解脱。

早在唐代，已有以木偶戏比喻人生的诗句，如梁锽："刻木牵丝做老翁，鸡皮鹤发与真同。须臾弄罢寂无事，还似人生一梦中。"宋代这一类的诗句则更多，如黄庭坚《题前定录赠李伯牖二首》其二曰："万般尽被鬼神戏，看取人间傀儡棚。烦恼自无安脚处，从他鼓笛弄浮生。"释善珍诗偈云："前三十万岁已往，后千亿年来无穷。化工团土为愚汉，傀儡牵丝弄老翁。尧桀是非俱蔓草，嬴刘成败等飞鸿。午窗睡起摩双眼，落尽瓶花糁桉红。"楼钥《戏和三绝·傀儡》曰："假合阴阳有此身，使形全在气和神。王家幻戏犹坚固，线索休时尚木人。"这些宋人的诗句都是借观傀儡戏来表达自己对于人生的认识。因此，李嵩《骷髅幻戏图》的尺幅虽小，寓意却深，这要比为宣扬因果报应而直接描绘地狱变相中的恐怖画面，更具艺术化与文学性。

六 家具与起居

北宋张择端《清明上河图》中的高坐家具

不再席地而坐

◆ 宋朝为何兴起"高坐"家具

根据考古发现推断,远在新石器时期,河姆渡居民就发明了用于防潮的席。这是一种二经二纬编织法制作的芦苇席,可能是我国最早的家具雏形。商朝以降,席在人们生活中越来越重要,逐渐变成必需品,工艺技术有了长足发展,并且与几、案、禁、枕等配套使用;不同时期的王朝,也建立了一套相关的礼仪制度。东汉末年胡床的传入打破了我国席地而坐的起居传统,到了唐朝,已经形成高坐家具与低坐家具并存的局面。

为防止武将权力过大,宋太祖赵匡胤建立了一个以士大夫为主导的文官政府机制,形成重文轻武的政治环境与社会风气。高坐家具更舒适,装饰更多样,符合宋代文人对于生活品质与艺术审美的需求。在佛学思想影响下,文人积极推进,使高坐家具自上而下传播得畅通无阻。同时,宋代高超的建筑技术为家具制作工艺也提供了有力支撑。

◆ 日常中的高坐新含义

高坐在中国的语言传统及起居方式中是与众不同的。特别是佛教传入中国后,带来了诸如"高座""禅椅"这样的高坐家具。"高座"

北宋李公麟《孝经图》局部，美国大都会博物馆藏

指佛教讲席中高于听讲者的座位、座台等。唐时只有出家人才能坐"禅椅"，使用范围颇为局限。到了宋朝，佛教思想的约束力减弱，"禅椅"也走下神坛，飞入寻常百姓家，更多的人开始接受垂足而坐的高型家具并积极使用，高坐的含义又发生了新变化。

在宋代婚庆习俗中，一些高坐家具扮演的角色至关重要。比如在新型坐具椅子上置马鞍则是北宋年间流行的风俗，椅子成为重要的婚礼仪式载体。北宋欧阳修《归田录》卷二记有："今之士族，当婚之夕，以两倚相背，置一马鞍，反令婿坐其上，饮以三爵，女家遣人三请而后下，乃成婚礼，谓之'上高座'。"此处的"倚"指的是椅子，在两把相背而设的椅子上放一马鞍，令新郎坐在上面，就叫作"上高座"。孟元老《东京梦华录》也有记载，在北宋后期的民间婚礼中，新娘子入门并进洞房后，再请新郎官入新房时，"婿具公裳，花胜簇面，于中堂升一榻，上置椅子，谓之'高座'。"

美国普林斯顿大学美术馆藏北宋李公麟《孝经图》，画中榻上有两件四出头扶手椅并排而设，中间配一茶几，一对夫妇端坐于椅上正在观看表演，有仆人于一旁伺候。这种榻上置椅的形式也是一种"高座"，因其反映的是《孝经》的内容，当和子女对父母的孝道相关。

榻是低坐时代的代表，椅子是高坐时代的象征。这种所谓的高坐方式实际上是一种新旧生活方式的综合，既是对传统习俗的传承，又是新兴生活方式的革新与融汇。

✦ 执笔法的变化

宋代坐具形制的变化导致了起居和生活方式的转变，其中的一个具体表现就反映在当时的书法执笔上。

在低坐起居的汉代，人们作书的执笔方式是"三指斜执笔法"：跪坐于席（或榻）上，左手执卷，右手执笔而书；因无凭倚，执笔

宋佚名《辰星像》中表现的"三指斜执笔法"，绢本设色，全卷纵121.4厘米、横55.9厘米，美国波士顿艺术博物馆藏

右手的肘、腕均悬空；右手以拇指和食指握住笔管，以中指托住笔管，无名指和小指略向掌心弯曲而不起握管作用。这种执笔姿势与我们今天执钢笔之法相近，被后人称为"单苞"执笔法，启功先生还称之为"三指握笔法"。又由于手执之卷略向斜上方倾斜，为了使卷与笔保持垂直状态，笔也略向斜上方倾斜，这种执笔姿势因此又被称为"三指斜执笔法"。

随着高坐方式的影响，书写方式也随之变化。唐初出现，宋元进一步发展，到明清逐渐成为主流执笔法。今天，人们通常学书时最通用的执笔法就是这种"双苞五指执笔法"，是使用高桌高椅来书写中小型字的一种较为舒适的姿势。其与"三指斜执笔法"的区别在于笔通常垂直于桌面（即笔正），中指在笔管的前面，无名指托住笔管，小拇指抵住无名指。这样一来，五指均能发挥作用，做到指实掌虚，利于中锋行笔。

宋代书法对执笔法多有论述，如苏轼、黄庭坚是书法"宋四家"中的两家，又是挚友，二人对执笔法的谈论在当时具有代表性。苏东坡提倡"三指斜执笔法"，以拇、食、中三指形成"单钩"，而黄庭坚则推行"五指双苞执笔法"，说东坡这样的执笔法"不善双钩"。苏东坡虽然仍使用"三指斜执笔法"，但他书写时又"腕着而笔卧"，"肘臂着纸"，说明他可能是在高桌上仍使用传统低坐时期流行的"三指斜执笔法"，给其书艺带来了一定程度的挑战和独特性。黄庭坚使用"五指双苞执笔法"，表明他已习惯于高坐的起居方式，这种后来成为流行执笔法的书写姿势，为书写者手臂、肘部的进一步灵活与发展起到了重要作用。

✦ 镜架的时代特征

高坐起居方式不仅对书写方法产生重大影响，还对某些和生活密切相关的实用艺术的设计与制造产生了新的作用。以铜镜为例，在低坐时代，人们对铜镜的使用主要以手持为主，随着高坐起居方式的逐渐流行，开始出现了镜架，而且不少镜架也是高型的。

具体而言，两宋铜镜无论是在铸镜的规模上，还是在制作的精巧上均逊色于前朝。由于宋代铜镜主要是悬挂或倚靠在镜架上，背面的效果已不再像以前那么重要，故而从商代以来流行到宋代的在铜镜背面做精美装饰的手法渐渐走向衰弱。宋代铜镜还向轻薄型发展，唐代铜镜上流行的浮雕在宋代铜镜上很少能看到了，而代之以平刻。另外还出现窄边小钮无纹饰型铜镜，甚至出现素面型铜镜。

唐代以前，铜镜多以圆形为主，几乎没有方形的。到了宋代，方形、长方形铜镜开始出现并逐渐占有一席之地，还有葵花形、菱花形铜镜。这些趋于方、直的造型选择也应与宋代镜架以及其他宋代高坐家具的方、直造型特征相关联。

宋代的每一把椅子

在日常起居中，椅子大概是与人们的生活最息息相关的家具了。一个人，不管什么身份，不管从事什么，不可能一天站着，总得找地方坐着，需要稍事休息，椅子的舒适度最为关键，决定了人一天的生活质量。

椅有靠背，除了供人垂足坐，还可供人倚靠，所以早期的椅子也称为"倚子"。椅作为高坐家具的代表，在宋代有了更为成熟的表现，到了南宋，将有靠背的坐具称作椅子的说法逐渐增多。宋代椅子大致可分为靠背椅、扶手椅、圈椅、交椅、玫瑰椅、宝座等，样式和种类都很丰富。

◆ 居家必备的靠背椅

在宋代，靠背椅是使用数量最多的椅子。无论是高门大户还是寻常百姓，家家都有一把。靠背椅的造型尽管并不复杂，但宋人将其发展得功能完善、造型多样，结构美与装饰美结合得也较为出色。

按照搭脑的形状，宋代的靠背椅可以分为两大类：直搭脑靠背椅与曲搭脑靠背椅。搭脑，是椅子的一个特定部位，顾名思义，就是椅子最上方的横梁，用来支撑脑袋和颈部。古人讲究站有站相，坐有坐相，正襟危坐是基本礼仪，但长久如此不免腰酸背疼，若后仰时头部和背部能有临时承托，自然更为舒适。

山西平阳金墓砖雕中的桌、椅

从现存绘画和出土实物看，宋代靠背椅的搭脑多为出头式，向两侧伸出很多，与宋代官帽的幞头展翅有一定联系，在形式感上也增加了对比性。

◆ 舒适性更强的扶手椅

靠背椅在宋代运用广泛，聪明的人们在其两侧增添了扶手，双手可以放在扶手上歇息，比普通靠背椅有了更好的舒适性。扶手椅的造型通常也比靠背椅复杂，在设计制作时，如何使扶手和椅子其余部分协调是首先要解决的问题。

由于一些扶手椅体量甚大，装饰华丽，专供地位高贵者使用，也被称为宝座。在中国传统宝座图像中，《宋太祖像》中赵匡胤所坐的宝座颇具气派。画像中的赵匡胤体态胖硕、神情威武，按人与坐具的比例折算宝座宽度约在 110 厘米，高度、坐深与一般稍大的椅子相当，分别在 50 厘米和 110 厘米上下。扶手较低，按比例折算约 15 厘米。靠背并不与坐宽相等，而是设置在中间，左右距扶手按比例折算为 20 厘米左右。

《宋代帝后像·太祖（赵匡胤）像》中的宝座、足承

    这是一件四出头扶手椅，水平扶手与弓形搭脑的末端均有一圆雕髹金漆的凤头，嘴衔挂珠。座屉与左右两侧的托泥间形成壸门洞，洞下各有一升起的如意云头纹。虽然宝座的前后两面被白色椅披与太祖身体遮挡，但根据足承前面设两个壸门推测，宝座左面与前后托泥之间也可能设置壸门券口，其下亦有云头。

    宋太祖的宝座形制独特，以方为主，方中带圆，用材已不似隋唐家具那么厚重，体现出一种线条的韵律美，和宋太祖袍服上流畅匀称的线条一同构成了动静、曲直、疏密的相互作用，共同成就了这幅人物画杰作。

    宝座装饰十分精美，除通身髹红漆外，还在一些结构的边角处做了鎏金镶嵌，装饰元素为草叶纹与云纹。宋初统治者提倡节俭，反对奢侈之风，史料记载宋太祖不事奢靡，崇尚纯朴，并注意表率作用。虽是如此，但在体现皇权的宝座上，即使是宋太祖也不可能一味地"皆尚质素"，这件供后人膜拜的画像即突出地反映了这一点。

南宋佚名《无准师范像》中的圈椅，绢本设色，全卷纵124.8厘米，横51.6厘米，日本东福寺藏

✦ 样式完美的圈椅

圈椅是一种靠背、扶手形成圆弧形整体的椅子，在唐代基本定型。宋代圈椅装饰上承袭唐、五代风格，搭脑与扶手顺势缓行而下，有的扶手末端再向后反卷，造型已趋于完美。随着椅子坐高的增加，宋代圈椅已经具备经典明式圈椅的大体造型特征，出现了天圆地方的形态，表现出了造型艺术的圆融美，后世被各国欣赏，称其为中国人设计的最完美的椅子。

仅仅在椅圈结构方面，宋人就做出不少创造，有的是在竖直木条的支撑下形成椅圈，有的是在前后腿的向上延伸部分和靠背的支撑下形成椅圈。

宋代圈椅提供的功能也是十分独特的。人在坐靠它时，不仅肘部有所倚托，腋下和臂膀也得到全力支承，感觉格外舒适。圈椅的椅背多做成与人体脊椎相适应的S形曲线，并与座面形成一定的倾角，人坐于其上，后背与靠背有较大接触面，韧带和肌肉可得到休息。

✦ 文人最爱玫瑰椅

宋代文人好雅集，有一种椅子频频出现在雅集场合，说明受到当时文人雅士的喜爱，在这一社会阶层中比较流行。这种椅子叫作玫瑰椅。玫瑰椅一直流行到明代早期。但宋代玫瑰椅与明清玫瑰椅在形制上有所不同，靠背高度低矮，多数与扶手齐平，可称其为"玫

瑰椅（折背样）"或者"平齐式扶手椅"，属于一种过渡形式，可视为明清玫瑰椅的前身。

宋代玫瑰椅的特点是"短其倚衡"，意思是指椅背低矮，椅背高度大致相当于普通椅背高度的一半，扶手与靠背等高，以直边方角结构水平相连而，座屉较小。玫瑰椅（折背样）几乎将框架式结构精简到了无法再减的程度，构件多细瘦有力，十分凝练，全以结构为主，甚至没有牙头、牙条、牙板的加固与装饰，没有材料与工艺上的浪费，整体审美与当时文人崇尚雅洁简朴之风关系紧密，也与西方现代主义设计中的一些简洁风格不谋而合，体现了"结构也是一种美"的审美特征。

由于玫瑰椅的矮背平直，适合放于窗下靠墙而坐，舒适性虽然无法与其他的一些扶手椅相比，但造型的简练匀称与外观的赏心悦目使得人们对它情有独钟。

✦ 象征地位与权力的交椅

根据家具名词规范，可折叠的椅子称为交椅，而中国的交椅则由胡床发展演变而来。胡床在整体上由八根木棍组成，坐面为绳联结，张开可坐，合起可提，还能在马背上扎捆携带，适合于长期待在马上的游牧民族使用，因此又叫"马扎"。随着胡风东渐，在中原逐渐得到运用。

然而，胡床作为临时性坐具固然优点较多，但其缺点也是明显的，即不能倚靠。为解决这一问题，宋人进行了改进，吸收了圈椅上半部的Ω形特征，增加了靠背和扶手。这些变化可见诸当时的文学作品，如秦观《纳凉》中的"画桥南畔倚胡床"。由此可见，宋时一些胡床已非仅能折叠的凳，由于增加了"倚"的功能，在功能上已是椅子，故又称之为校椅或交椅。

宋代的交椅腿做成交叉状，在交叠部位安装枢轴铰链，座屉的横枨之间以绳编就，椅腿张开后，靠背向后倾斜而能保持平衡。体轻，可以折叠，便于携带，适合长途跋涉后的憩息之用；但是它也存在缺陷，由于受力点在腿部的交叉轴心，即使通常对此处进行加固，也不太结实。

家具在宋式艺术生活之中发挥了重要作用。对于宋代文人来说，拥有一件称心如意的家具就可使生活适意：既可于室中独处，也可三两出行；或流连于山水，或栖息于池阁；或观云卷云舒，或看花开花落。这些是宋画中的常见之景，因此被定格为文人雅趣。其中，坐具之中的交椅往往是一件重要的"道具"。苏东坡路过润州（今江苏镇江），当地官员与文人设宴隆重招待，散场时，歌伎特意唱

北宋赵翁墓画像石中的肩背交椅男仆

249

了一首东坡好友黄庭坚所作《茶》词："惟有一杯春草，解留连佳客。""春草"指茶，是说惟有这杯茶懂得我们留客的心情。苏东坡生性幽默，听完故意开玩笑说："原来你们留我，就是让我吃草呀？"此语一出，大家笑得前仰后合。东坡当时坐在一把交椅上，歌伎们站于其后，扶着交椅大笑，东坡自重加上歌伎们的着力，使得此椅不堪承受，轰然倒地。诗人杨万里在《诚斋诗话》这样写道："诸伎立东坡后，凭东坡胡床者，大笑绝倒，胡床遂折，东坡堕地。"一时传为文坛佳话。

南宋佚名《蕉阴击球图》中的交椅

宋代位高权重者出行时，需有人扛着交椅一路跟着，当他累了，就坐于其上歇息，别人是不能坐的。久而久之，交椅甚至成了权力与地位的象征，常用词"头一把交椅"即源于此。

✦ 从秦桧开始的太师椅

在宋代交椅之中，有一种圆搭脑型款，将一个带柄荷叶形托首插于椅背后，可供人仰首休息，就是所谓的"太师椅"。以目前的史料及图像来看，这种构造较为复杂的交椅出现较晚，曾作为一种家具新式样流行于南宋，特别是重要官员皆用之。南宋理宗时的张端义在其《贵耳集》卷中记述："今之校椅，古之胡床也……因秦师垣在国忌所，偃仰片时坠巾。京尹吴渊奉承时相，出意撰制荷叶托首四十柄，……遂号太师样。"由此可见，太师椅之名是从秦桧开始的，太师椅成为我国家具中以官阶命名的特例。太师椅的设计与制作源自南宋官场生活的需求,椅背增加荷叶托首主要是便于假寐或不让头巾脱落,因此成为南宋达官贵人的常用家具。

南宋佚名《春游晚归图》为后人展示了当时官员的出行习俗。此画绢质优良,画面完整,所绘人马虽不盈寸,但须眉毕现,姿态生动。头戴乌纱的官员饱览春日美景,享受盒中美食,在侍从的簇拥下尽兴归来,仆人们或扛椅,或搬杌,或挑担,或牵马,前呼后拥。官员在马上持鞭回首,仿佛仍在留恋美景,令人想起南宋林升的名诗《题临安邸》:"山外青山楼外楼,西湖歌舞几时休?暖风熏得游人醉,直把杭州作汴州!"

值得注意的是,图中仆人一路肩扛的太师椅就具有典型的荷叶托首。交椅增加荷叶托首虽解决了一些问题,但也带来一些新问题,如多了托首在搬移时不免成为累赘,托首在承接后脑时,其舒适性也不够,这或许就是宋式太师椅并没有延续的原因之一。后来,太师椅的称谓发生了变化,明代的太师椅指的是圈椅,而清代的太师椅则多指风格稳重、尺寸较大的扶手椅,这已与当年声名显赫的宋代太师椅没有关系了。

南宋佚名《春游晚归图》中仆人扛着太师椅,绢本设色,全卷纵 24.2 厘米,横 25.3 厘米,台北故宫博物院藏

凳和墩开始流行

◆ 小中见大的凳

凳是一种无靠背的有足坐具，历史悠久，在宋代的生活中得到了较大发展。凳在宋代被称作櫈，如南宋洪迈《夷坚丙志·饼店道人》记载："有风折大木，居民析为二櫈，正临门侧，以待过者。"宋人也称凳子为杌子，如南宋陆游《老学庵笔记》卷四记有："往时士大夫家，妇女坐椅子、杌子。"即便在今天，江南的一些地方还将小板凳叫作杌凳，很可能也是沿用宋代以来的传统。

以造型分，宋时的凳有长凳、方凳、圆凳、月牙凳、小板凳、树根凳和折叠凳等，在许多宋代绘画中均可见到。比如，宋金大受《十六罗汉图》中的长凳，北宋乔仲常《后赤壁赋图卷》中的圆凳，南宋李嵩《观灯图》中的方凳，北宋王居正《纺车图》中的小板凳，等等，丰富而多元，《清明上河图》中甚至还出现了木匠刨木头用的专用长凳——刨凳。

北宋王居正《纺车图》中的小板凳

252

南宋赵大亨《薇亭小憩图》、南宋佚名《荷亭对弈图》、南宋佚名《孝经图》中有一种依附于亭、台、廊等建筑而专设的固定长凳，也叫美人靠。

树根凳以天然树根制作而成，比较特殊。南宋佚名《十六罗汉像之四》中有一件树根坐具，树根向上蜿蜒出靠背状的，沧桑古朴，形同天成，与罗汉奇伟独特的形象颇为统一。其实，这种对竹材、木材、怪石等天然材料的欣赏和使用开发，由来已久，是历代许多文人的嗜好和审美价值。北宋传为赵佶作品的《听琴图》中的两件石凳、南宋佚名《柳阴群盲图》中的树根桌、南宋时大理国《张胜温画卷》中的两件以树干制作的四出头扶手禅椅等，也都表达了相同的观念。

宋代凳子在结构上多使用框架结构，也有一些使用传统箱形结构，有托泥和壸门。除此之外，还有一种使用折叠结构，那就是在汉末传入中国的胡床，也叫折叠凳、交床、交足凳、马扎等。当时文人出行有带胡床的习惯，南宋杨万里诗《同刘季游登天柱冈》曰："两个胡床小憩些，一枝筇杖拄倾斜。"折叠凳这一形象在河南金代邹复墓石刻画像、山西高平县西李门村二仙庙金代石刻、宋《重修政和证类备用本草》中的插图《解盐图》等中均有描绘。

当时较为讲究的凳子上往往还配有坐褥或蒲团等物，坐褥一般以柔软物品制成，富贵人家更是用贵重的羽毛。宋人朱彧在《萍洲

南宋佚名《十六罗汉之四》（日本高台寺藏）中的树根凳

宋式艺术生活

南宋马和之《女孝经图》中的圆墩

南宋刘松年《罗汉图》中的藤墩

可淡》卷一中说:"(狱)脊毛最长,色如黄金,取而缝之,数十片成一座,价直钱百千。"

凳在高型坐具中虽然不起眼,但是从小处见证了中国宋代时期起居方式的转折与发展,堪称小中见大。直到今天,其运用仍然很广。

✦ 随遇而安的墩

与有足的凳相比,墩的造型特点是明显的。墩的本意原是土堆,作为家具,墩与凳的区别正在于墩是堆状的,造型多圆实厚重,显得浑厚饱满。在宋初的朝廷上,墩还是高级官员享受特殊待遇的坐具,《宋史·丁谓传》载:"遂赐坐,左右欲设墩"。在辽国的朝堂之上,从大丞相到枢密院的高官均被皇上赐墩坐,故称"墩官"。

根据造型,宋代的墩可分为鼓墩、圆墩、方墩等。

鼓墩是模仿鼓的造型而制成,这一形象可在北京西郊辽墓壁画、南宋苏汉臣《秋庭婴戏图》、宋佚名《高士图》等画中看到。福建南平宋墓还出土了石制鼓墩。圆墩是指墩面呈圆形的墩,运用更为广泛,其形象可见于南宋马和之《女孝经图》、南宋夏圭《山居留客图》、河北宣化辽墓壁画等。方墩是指墩面呈矩形的墩,目前能够见到的形象较少,仅可在宋佚名《梧阴清暇图》中见其形象,材质看起来像藤。

另外,就材质而言,宋代的墩还有绣墩和藤墩。

绣墩是制作讲究,周身有精美织物装饰的圆墩。藤墩是以藤为制作材料的墩,其结构较为充分地发挥了藤材的性能,结实耐用,自然美观,深受宋人喜爱,在绘画中的形象也较多,如南宋刘松年《罗汉图》对它有精细描绘。

墩的陈设无方向性要求,可随向而坐,随身而转,随室而设,随处而移,真可谓"随遇而安",因此在后世得到较大发展,成为坐具重要品种,还增加了陶、瓷等多种材质,其与鼓相关的造型特征还一直被沿用,传承至今,融入现代设计而焕发新机。

桌、案、几，实用与艺术的结合

◆ 建筑大木梁架的缩影

宋代之前，桌子的使用功能主要被几、案、台等家具所承担。高坐起居方式兴起后，桌子发挥的作用越来越大，传统几、案、台等家具的地位也逐渐为各式各样的高桌、低桌、条桌、方桌、供桌、书桌、琴桌、经桌、棋桌、画桌、酒桌、茶桌等取代。

据清代叶廷管在其《吹网录》卷三中考证："考卓即桌字。俗以几案为桌。当以卓为正。宋初犹未误。"实际上，宋人的确将许多承具叫作"卓"。例如，北宋孔平仲《孔氏谈苑》卷二记载："两

北京房山区天开塔地宫出土辽代木桌

北宋佚名《听琴图》中的琴桌

府跽受开读次,已见小黄门设矮卓子具笔砚矣。""卓"有高起来之意,比如卓然而立、卓尔不群,这说明了"卓"这种承具在高度上所呈现的新兴变化。也许因为宋初以后越来越多的桌子以木材来制作,早期的"卓"才逐步演化为我们今天熟知的"桌"。

宋代桌子在造型、结构等方面已有了显著发展,并能运用诸多手法进行装饰,例如,螺钿、髹漆、镶嵌、束腰、花腿以及各类线脚。单就结构而言,宋代桌子可分为两类:框架结构、折叠结构,其中以框架结构为主。这种源于建筑大木梁架的框架结构,在宋代桌子上已开发得较为成熟,并具有代表性。此时的桌子较前代增加了高度,其足、枨、矮老、牙头、牙条、卡子花等结构与装饰部件的组合与变化已相当可观。

随着琴棋书画的流行,专门的棋桌、茶桌、琴桌、画桌、书桌等也产生了。以琴桌为例,这种专门用于抚琴的桌子已设计得十分成熟,桌腿细劲,两侧的前后腿之间分别有双细枨,桌面下有闷户橱,作用相当于共鸣箱。整体上精雅凝练、紧凑疏朗,比例匀称、结构合理,具有浓厚的宋代文人气息。宋佚名《高士图》、宋佚名《深堂琴趣图》、南宋刘松年《松阴鸣琴图》、南宋佚名《荷亭对弈图》,以及传为宋徽宗赵佶所画的《听琴图》等宋画中对此均有细致描绘。

北宋张择端《清明上河图》中的折叠桌

岩山寺金代壁画中的折叠桌

  这一时期的绘画中还绘有具备折叠结构的折叠桌，桌腿的结构类于折叠凳（胡床）和折叠椅（交椅），桌面有圆形和矩形。河北宣化辽墓壁画中的折叠桌是放置经卷的经桌，《清明上河图》和岩山寺金代壁画中的折叠桌是商贩叫卖货物的销售桌。岩山寺金代壁画中的折叠桌还在两只水平底足之间系有两根绳子以固定交足的倾斜角度与桌面高度，体现了另一种设计特点与力学结构。另外，还有树根桌，见于南宋佚名《柳荫群盲图》中的树根桌，自然古朴，具有文人与民间的审美意趣。

✦ 担当陈设功能的案

  宋代之前，古人以席地而坐为主，案的特征是大而矮。到了宋代，不少案在高度上和高脚桌并无太大区别。这一时期的案的种类较多，而且与桌、几、台等承具有着密切而复杂的联系，今人对它们名称

的使用也比较混乱。宋代案在功能上呈现出多样性，如画案、供案、书案、棋案、柜案、食案、花案和办公案等，堪称形形色色。

　　箱型结构的案继承了唐代案的结构特征，厚重而费料，如北宋佚名《文会图》中的大食案。然而，也有不少案具备桌的特征，四足位于承面的四角，足与足之间的空间十分通透，已无箱板式特征，但是由于足下带托泥，我们仍将其纳入案来进行讨论。也有的案上有织物自承面垂至（或近于）地面，使得承具更为统一、庄重，在宗教与政治礼仪上地位重要、用途广泛，甚至对今天许多会议室的会议桌的装饰与陈设也影响深远。

　　在宋代的案中，还有一种两端有翘头的案被后人称为翘头案。案的翘头部分不但可使案产生视觉上优美的线性变化，而且有实际使用功能，多用于祭祀、供奉，故被称为供案。其次是用于办公、审案，北宋佚名《闸口盘车图》中则描绘了一位官员坐在翘头案后办公。再者是书案，翘头较小，不太夸张，表现出温和肃静的特征。

北宋佚名《文会图》中的大食案

宋人观赏《千里江山图》《清明上河图》这类手卷式的绘画颇有讲究，最好就是放在翘头案上看，卷轴走到案子两头就停住了，手卷不会掉下去，宋代文人对生活的精致追求由此可见一斑。

宋代及以后，桌在趋于实用的过程中，与案逐渐发生了分野。桌的实用功能越大，其陈设功能就越低，相反，案的实用功能降低了，其陈设功能则增加了，在人们心目中的地位相对也较高。

✦ 巧思妙趣的几

几在中国早期指的是古人低坐时凭依的家具，后来逐渐演变为放置小件器物的承具。在宋代，几得到了巨大发展，不但高度增加，功能也更为丰富。宋人对生活情趣颇为讲究，文人士大夫有焚香、品茶、赏花、读书、郊游等习俗，相应的香几、茶几、花几、书几、足几、榻几、炕几、桌几等，具有丰富的设计与创造。宋人的诗文对此多有涉及，如，欧阳修诗《和徐生假山》："岂如几席间，百态生浓纤。"苏轼诗《雨中过舒教授》："窗扉静无尘，几砚寒生雾。"陆游诗《砚湖》："从今几砚旁，一扫蟾蜍样。"

宋代还有一种特别有趣的几——燕几。"燕"通"宴"，源自唐人宴请宾客的专用几案，可随宾客人数而分合。宋时一套燕几共7张，分三种，高度均为2.8尺，横长都为1.75尺，三种纵长不一：第一种大桌面纵长7尺，面积为12.25平方尺（1.75尺×7尺），可坐四人，有2张；第二种中桌面纵长5.25尺，面积为9.1875平方尺（1.75尺×5.25尺），可坐三人，有2张；第三种小桌面纵长3.5尺，面积为6.125平方尺（1.75尺×3.5尺），可坐两人，有3张。以上

南宋佚名《歌乐图》中铺有织物的案

三种桌面能灵活变化为 25 种形式、76 种格局，可谓变化多端。各种格局也有名称，如"屏山""回文""斗帐""函石""虚中""瑶池""披褐""悬帘""双鱼""石床""金井"和"杏坛"等。在有的格局中，还处理成将桌置于四周而使中间虚空的形式，虚空处摆放"烛台""花斛""香几"和"饼斛"等。这样一来，就可以根据"宾朋多寡，杯盘丰约"的实际情况以及室内空间的具体大小来作丰富的组合变化，既能单设，也能拼合，如同今日之组合家具。

燕几的组合之法颇有规律可循，显示了宋代文人的巧思妙趣，是其燕闲生活中富有清趣的"智者之变"，也是当时文人式艺术设计方法的典型反映。明清根据宋人燕几的启发，又发展了蝶几、匡几、七巧桌等。

宋式艺术生活

辽代彩绘木雕马球屏风

屏中另有一番天地

◆ 独屏式与多屏式

在宋代,屏风的使用较前代更为普遍,不但居室陈设屏风,日常使用的茵席、床榻等家具旁也附设小型屏风,就连一些室外环境中也可以看到屏风。和前代相比,宋代屏风形制有了更大进展,造型、装饰更为丰富。具体就底座而言,宋代屏座已由汉唐时简单的墩子发展成为具有桥形底墩、桨腿站牙以及窄长横木组合而成的屏座,底座低窄、屏面宽大的屏风往往给人以平展稳定之感。

宋时的屏风在形式上可分为独屏式和多屏式。

辽代彩绘木雕马球屏风是宋代独屏实物中至今保存较为完好的一件。这件屏风制作构思独特,外观较规整,屏长120厘米,高120厘米(加底座),由屏心、边框、底座三部分组成;屏心下面的木板最小,可减少框架向外撇的角度,这是为了便于屏风拆装;木板之间拼接的横断面上打圆形孔,用圆形木栓相连,类似于以后的龙凤榫卯,使木板拼接整齐,不至于开裂。屏心由五块长宽大小不一的木板拼接而成,以圆雕加彩绘的方法生动表现了3人在角逐马球的运动情景。从彩绘工艺看,类似于壁画,先在雕刻的素面上厚涂一层白灰膏底层,如此颜料较容易进入白灰膏中而得以保存。

独屏的图像还可见于很多画作,如北宋王诜《绣栊晓镜图》、南宋刘松年《琴书乐志图》、南宋佚名《女孝经图》、南宋牟益《捣

宋佚名《十八学士图·观弈》中的三折屏

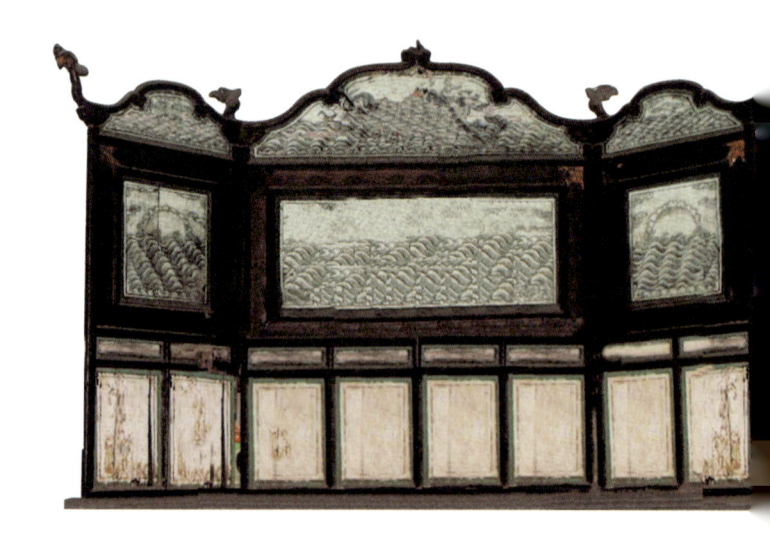

山西太原北宋晋祠圣母宝座后的水纹三折屏

衣图》、南宋佚名《韩熙载夜宴图》等。

多屏式屏风中以三屏式的居多，山西大同十里铺辽墓壁画、宋佚名《高士图》、宋佚名《十八学士图》、南宋刘松年《罗汉图》、南宋佚名《五山十刹图》等画中绘制的均是三折屏。中扇稍大，边扇稍窄，并向前折成一定角度，呈八字形，可站立。这类实物资料可以见于山西太原晋祠彩塑，圣母宝座后立着水纹三折屏风这种陈设形式源于周代的"斧依"，直到明清时期，皇宫中仍保留着这种形式。

✦ 书画皆入屏

今天能见到的资料表明，宋代屏风以画屏最多。苏轼曾专门写文《文与可画墨竹屏风赞》称赞文同的墨竹屏风，柳永《迷神引（仙吕调）》有"烟敛寒林簇，画屏展"，欧阳修《虞美人》有"风动金鸾额。画屏寒掩小山川"，等等。屏风画的题材也非常广泛，包括山水、人物、花鸟、博古图等，以山水画为最多，其次是花鸟画。还有绘水的，可谓是宋代的新鲜事物。山西太原晋祠圣母宝座后屏风与河南禹县白沙宋赵大翁墓《开芳宴图》中主人背后两件屏风上均是满绘水纹，南宋苏汉臣《妆靓仕女图》中所绘的女子梳妆案后也立着一件很大的水纹屏风。

宋代屏风中还有以书法、螺钿、金漆髹等作为装饰的。另外，一种新颖的屏风形式——挂屏在此时也出现了。宋代书画艺术的昌

南宋佚名《女孝经图》中的山水画屏风，绢本设色，全图纵43.8厘米，横68.7厘米，北京故宫博物院藏

盛、室内陈设艺术的丰富促进了挂屏的发展。宋彧《萍洲可谈》卷一记载："挂画于厅事，标所献人名衔于其下。"这里所说的"挂画"就是一种挂屏，而且开始有了题款。毋庸置疑，挂屏对于后来广泛出现的书画立轴装裱、陈设形式产生了重要影响。

中国古人在屏风上绘画题诗的形式多种多样，还流传至日本，其传统绘画"浮世绘"很多就是画在屏风上的，实为中日文化交流成果之佐证。

✦ 奇石共赏

宋代还有石屏，一般以纹理较佳的石材制作，其平面纹理变化有若自然山水，极富画意。北宋范成大《骖鸾录》记载宋代永州祁阳县"新出一种板，襞叠数重，每重青白异色，因加人工，为山水云气之屏，市贾甚多。"据《云林石谱》记载，虢州朱阳县土层中有一种质软无声的石材，"白石如圆月或如龟蟾吐云气之状，两两相对"，"中有石纹如山峰罗列，远近涧壑相通，亦是成片修治镌削，度其巧趣，乃成物象，以手拢之，石面高低，多作研屏置几案间，全如图画"。

苏轼好"怪石供"，他将一些具有天生纹彩的石头养在清水中，以充文案摆设，形容这些石纹有的似"冈峦迤逦"，有的似"石间奔流，尽水之变"，收藏这些怪石的书房被命名为"雪浪斋"。米芾更是以"石痴"名世。

用大理石一类有独特纹理的石材装饰家具在宋代逐渐流行，宋人文熙好编辑了《大理石录》一书，可谓是今天能见到的关于"大理石文化"的最早总结。宋代汤周、公勤著的《宣和碧石谱》也是反映宋代"碧石"（即大理石）收藏与欣赏状况的专著，惜已失传。

南宋佚名《蚕织图》中用于「燺茧」的屏风

✦ 丰富多彩的陈设方式

宋代屏风与其他家具的组合因地制宜而灵活多变，陈设于室内，或陈设于室外；或立于榻后，或立于榻上，或与榻融为一体成为三面围子；或立于桌后，或立于席后，或立于墩后，或立于椅后；或立于车上，如南宋高宗书《孝经图》(之三)中就描绘了帝王乘车出行，其坐椅背后就有一件山水画屏；或用于生产活动，如南宋佚名《蚕织图》中用于"燺茧"的屏风。

屏具的功能，如挡风、屏蔽、遮挡视线、分割空间、显示身份、增加家具陈设变化等被演绎得淋漓尽致。特别值得注意的是，宋人似乎更看重屏风位置的摆放，审美、象征意义甚至大于实用意义，屏风被赋予人格的力量，成为精神文化的载体。由此，屏风的意义被大大延伸。古人还将帝王将相或节妇烈女的事迹画于屏风，主要是为了歌颂传扬、说教警诫。

宋代文人中还流行一种砚屏，即置于砚台旁用于挡风障尘的小屏风。古无砚屏，宋赵希鹄《洞天清禄集·研屏辩》认为这种小型屏具是由北宋苏东坡、黄山谷等人始创。文人不但喜爱勒铭于屏，而且邀请文友前来观赏、赋诗歌咏，欧阳修的紫石砚屏、黄庭坚的乌石砚屏、苏轼的月石砚屏，都名重一时。梅尧臣在观赏了欧阳修的紫石砚屏后，一时诗兴大发，吟诗《咏欧阳永叔文石砚屏二首》。南宋杨万里也作过一首《三辰砚屏歌》诗。不过，今天的宋代砚屏实物遗留极少，金代阎德源墓出土过1件杏木质砚屏，它由云头底座及屏身两部分组成，通高28.8厘米，屏身长25.7厘米，宽19厘米，正面填嵌大理石画屏，但已破碎，令人惋惜。

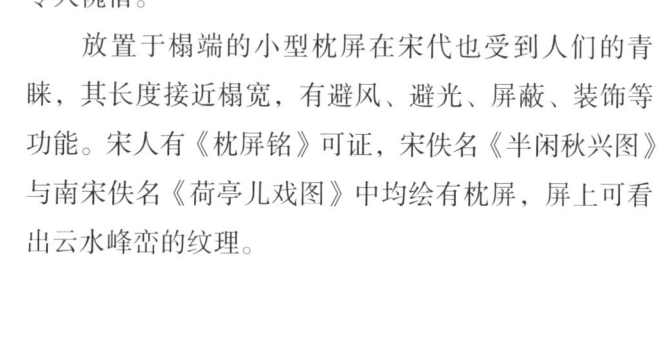

放置于榻端的小型枕屏在宋代也受到人们的青睐，其长度接近榻宽，有避风、避光、屏蔽、装饰等功能。宋人有《枕屏铭》可证，宋佚名《半闲秋兴图》与南宋佚名《荷亭儿戏图》中均绘有枕屏，屏上可看出云水峰峦的纹理。

宋佚名《槐阴消夏图》中的榻屏

268

土豪们的"金棱七宝装"

◆ 文人崇尚简约美

人文艺术高度发达的宋代，华丽富贵与清新雅致的两种审美在家具上均有体现。当然，总体上宋代家具是偏于精简的，特别是文人家具和民间家具，纯粹作为装饰的部分并不多。这一方面源于文人士大夫的审美观念，另一方面也和当时政府不事奢靡、崇尚纯朴的倡导有关。

和唐代相比，宋代家具的装饰要素呈现出新的变化，家具的一些部件在具备结构与造型意义的同时，实际上也体现了一种更高层次的装饰性所在。以桌子为例，虽然它的部件（如足、枨、矮老、牙头、牙条等）主要是为了使桌子坚固耐用，本身十分朴素，无任何装饰，但是它们的有机组合却能产生独特的节奏美与韵律美，这些美自然也是家具装饰美的重要属性。腿足是宋代家具最为重要的装饰处，明清家具中常出现的三弯腿、花腿、云板腿、蜻蜓腿、波纹腿、琴腿和马蹄足等均能在宋代家具的实物或图像中找到源头。在牙头与牙条的装饰中，云纹、水波纹、如意纹、几何纹和壶门装饰各显特色，而这些也都是后来明式家具中的主要装饰纹样。此外，明式家具中常出现的卡子花在这一时期则以浮雕或透雕手法做出瓶形、四瓣花纹等加以变化的形式出现。

早在北宋早期，家具上已出现装饰线脚，比如河北巨鹿出土的

宋式艺术生活

《宋代帝后像·真宗后像》中的宝座

北宋木桌的边抹与角牙都起有凹线，说明在那时运用线脚已成为家具装饰的重要形式。当时家具的线脚乍看较简单，不外乎平面、凸面、凹面，线不外乎阴线和阳线，但是悉心观察可发现其中是有具体变化的，剑脊棱（可见于宁波南宋石椅）、冰盘沿（可见于拜寺口双塔西夏木桌）、三棱线（可见于金汤寨北宋墓石桌）等线脚的发展更为后来家具中线脚的丰富性做出探索。

✦ 炫富炫贵炫地位

宋代家具装饰中当然也有为了装饰而装饰的，穷工极妍，奢华无度，主要表现在当时的皇室家具、贵族家具与少数宗教家具上。这样一来，装饰的象征、显示、炫耀等功能便成为主体。

据《宋会要辑稿》中记载，宋太祖开宝六年（973），两浙节度使钱惟濬进贡"金棱七宝装乌木椅子、踏床子"等物。从"金棱七宝装"的措辞来看，说明这些乌木家具使用了复杂的加工工艺以及珍贵的材料，视觉效果想必是极为富丽的。另外，一些贵族富户也有以"滴粉销金""金漆"来装饰家具的。据宋江少虞《宋朝事实类苑》卷六十《杭人好饰门窗什器》记载："杭人素轻夸，好美洁，家有百千，必以太半饰门窗，具什器。荒歉既甚，鬻之亦不能售，多斧之为薪，列卖于市，往往是金漆薪。"有的贵族家具还要加以精雕细刻，如北宋《丁晋公谈录》记载："窦仪曾雕起花椅子两把，以便右丞及太夫人同坐。"

在现存宋代家具图像中，南薰殿所藏《宋代帝后像》中的数件皇后坐椅就被装饰得繁复华丽，而《六尊者像》《张胜温画梵像》《罗汉像》等宋画中的一些佛教家具也有体现复杂装饰的。虽然这些家具的审美倾向与宋代家具主流不一致，但是它们在复杂工艺的锤炼与熟练技术的积累上，无疑为明式家具的发展奠定了坚实的工与巧的基础。

七 收藏与传播

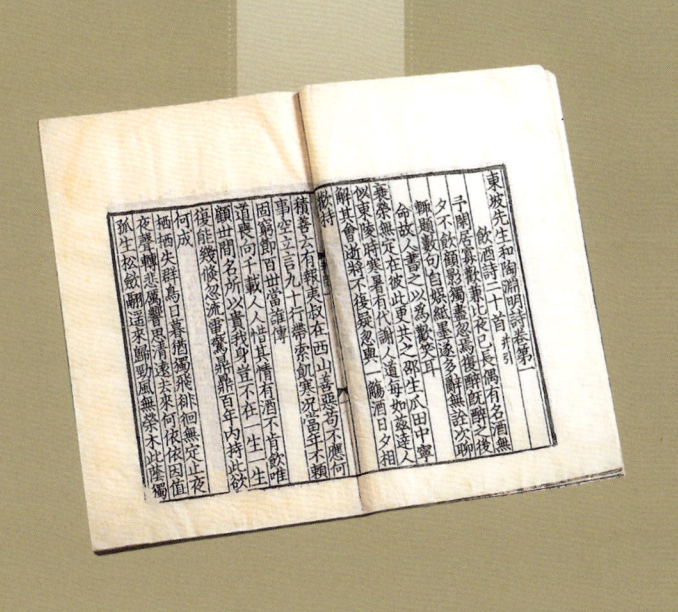

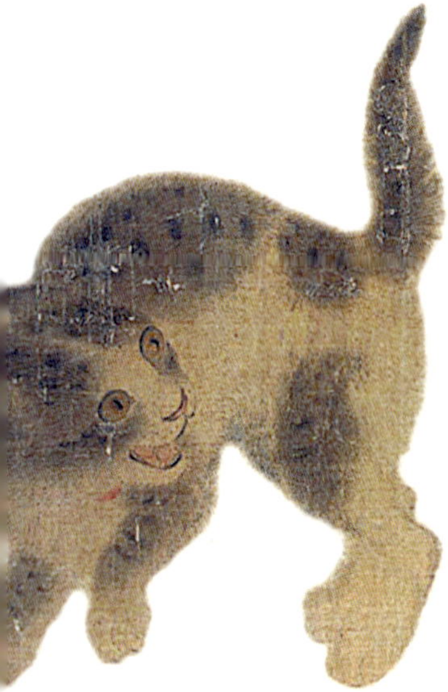

庙堂江湖好收藏

◆ 皇帝爱收藏

两宋的皇帝，大多喜爱书画艺术，也热衷书画的整理研究与教化传播。赵匡胤统一全国时，把西蜀、南唐皇室收藏的书画搜集过来，一部分赏赐给大臣，其余收入内府。北宋郭若虚《图画见闻志》卷六《近事》记载："太祖平江表，所得图画赐学士院，初有五十余轴。"太宗赵光义也曾派苏易简搜访南唐旧藏的名人书画，得千余卷。

太宗端拱二年（989），皇室设立秘阁，并组织专家对所藏多达数千轴的艺术图像进行整理、装裱与鉴识。宋太宗赵光义不仅自己喜欢观赏，还经常召集近臣一同观赏。皇室的搜求活动时常得到臣子的响应。司空王溥之子王贻正就曾精选家藏书画十五卷献给宋太宗，太宗"复遍看览，俱是妙笔，除留墨迹五卷、古画三卷领得外，其余却还卿家，付王贻正"。

此后的几代皇帝也多喜好搜集、鉴藏法书名画，于是北宋内府所藏日渐充盈。北宋中后期，特别是徽宗时期，皇家所藏名画甚重。据南宋邓椿《画继》卷一《圣艺徽宗皇帝》载，当时"秘府之藏，充牣填溢，百倍先朝"。为了实施一些名作的保护性传播，徽宗赵佶还派画家对唐张萱《虢国夫人游春图》等杰作进行了高水准的临摹与复制。

靖康之变，汴京陷落，北宋灭亡（1127），不但徽钦二帝成为金人阶下囚，御府所藏也成为金人掠夺的对象。南宋李心传《建炎以来系年要录》描述了金兵离开汴京时内府的收藏品被掠夺、毁弃的情景："营中遗物甚众，秘阁图书狼藉泥土中。金帛尤多，践之如粪壤。二百年积蓄一旦扫地，凡人间所须之物，无不毕取以去。"经此浩劫，北宋宫廷内府所藏书画可谓几乎荡然无存，另有一部分书画流落到金国与民间。

宋高宗赵构与其父赵佶一样，酷爱书画艺术，因此南宋立国稳定后不久即在临安集中一些从北方流亡来的画家，组建新的画院，营造中兴馆阁，"访求法书名画，不遗余力"，所以"绍兴内府所藏，不减宣政"。但据《宋中兴馆阁储藏》记载，南宋宁宗庆元五年（1199），中兴馆阁收藏的名画1100余件，为北宋盛期内府收藏的六分之一强，可见所谓"不减宣政"乃文人艺术夸张之辞。

宋高宗以及他委任的手下，如曹勋、宋贶、龙大渊、张俭、郑藻、平协、刘炎、黄冕、魏茂实、任源等人，对搜求到的古画在新的装裱、题跋方面做过一些并不高明的整理，如将以前的题识全部拆去，甚至对于古画上有赵佶题名的，也拆下不用。在笔者看来，其实并非负责这一工作的鉴定者"人品"与"目力"有问题，而是有所忌讳（主要应该是高宗的禁忌）。这些题跋拆下后就抛弃了，当然是既可惜又可恨。

高宗每获名踪卷轴，会令人辨验。米芾长子米友仁，人称"小米"，晚年很受高宗赏识，多次奉命鉴定过内府藏品，其眼力虽高，但"往往有一时附会迎合上意者"而不免有失公允。高宗时期重新装裱的书画作品，所盖印记有"内府书印""希世藏""睿思东阁""机暇清赏""绍兴"等。这些记载使我们对宋代收藏品的传播研究增添了新的视角。

✦ 文人寄情收藏

宋代是图画收藏与传播真正兴起的时代，除了皇家官方收藏，文人在这一领域的理论总结与实践倡导也有着举足轻重的作用，而且就一定意义而言，更具代表性。当然，收藏并非宋代文人的终极目的，他们也不是以收藏来获利，更多的则是以收藏来感受艺术之美，愉悦性情，增进文人之间的情感交流，政事闲暇之余有所寄托。北宋大鉴藏家郭若虚在其名著《图画见闻志》中说："每宴坐虚庭，高悬素壁，终日幽对，愉愉然不知天地之大，万物之繁，况乎惊宠辱于势利之场，料新故于奔驰之域者哉！"

条件优越的文士甚至形成数代家传，如北宋苏易简及其子苏耆，孙子苏舜元、苏舜钦，曾孙苏泌、苏泊，玄孙苏之纯，一门五代均精于鉴藏，保持着可观的书画收藏，苏易简因替太宗搜访江南名画之功而得百卷赏赐，还入拜翰林承旨。郭若虚唏嘘不已，由衷感叹道："至今苏氏法书名画，最为盛矣。"米芾与苏易简的孙辈交往密切，时常到苏家观赏名迹，在米芾的《参政帖》上记载了苏氏家藏书画钤有"邠公之后""四代相印"的内容。米芾还认为苏氏家族的书画收藏可以媲美唐代鉴赏世家张彦远。

当然，经济条件不好，也不妨碍收藏，有些文人即使是节衣缩食，也欲罢不能。苏轼留有两则记载颇能说明这一宋代风气。苏轼《记刘景文诗》记刘景文："慷慨奇士，博学能诗。……死之日，家无一钱，但有书三万轴，画数百幅耳。"苏轼《石氏画苑记》说石康伯，"独好法书、名画、古器、异物，遇有所见，脱衣辍食求之，不问有无"，"其家书画数百轴"。赵孟坚是南宋最出名的书画收藏家，南宋周密《齐东野语》记载其"多藏三代以来金石名迹，遇其会意时，虽倾囊易之不靳也。"这些从另一个侧面反映了宋代文人书画收藏与传播的盛况。

当时文人之间的收藏更关注情感交往，排斥商业动机，排斥功利。

宋式艺术生活

陆游收藏的北宋易元吉《猴猫图》，绢本设色，纵31.9厘米，横57.2厘米，台北故宫博物院藏

画家李公麟的画作被许多人收藏与传播,他宦居京师期间一直避免卷入新旧党争。好友苏轼被贬南方,李公麟仍在京师做官,但如履薄冰。据邵博《邵氏闻见后录》卷二十七记载,他遇见苏轼家人,"以扇障面不揖",这种不得已的避祸之法为东坡的朋友们、弟子们所不齿,譬如晁补之就把珍藏多年的李公麟画作全部送了人。

✦ 收藏家的收藏之所

宋代一些文人还建有专门藏画之所。如画竹大家文同在自己的住处四周广栽竹子,并在其住宅中建有"墨君堂",用以收集存放、朝夕玩赏古人书画,其乐融融,并吟有《墨君堂》诗为证:"嗜竹种复画,浑如王掾居。高堂倚空岩,素壁交扶疏。山影覆秋静,月色澄夜虚。萧爽只自适,谁能爱吾庐。"

再如,文人画家王诜在宅邸建有"宝绘堂",并"常以古人所画山水置于几案屋壁间,以为胜玩"。苏轼为王诜作《宝绘堂记》,夸赞他"虽在戚里,而其被服礼义,学问诗书,常与寒士角。平居攘去膏粱,屏远声色,而从事于书画。作宝绘堂于私第之东,以蓄其所有。"苏辙也作有《王诜都尉宝绘堂词》,其中有诗句:"手披横素风飞扬,长林巨石插雕梁。""游意淡泊心清凉,属目俊丽神激昂。"

南宋大诗人陆游在他的老学庵中挂着他收藏的名画,如"唐希雅画鹊,易元吉画猿,廉宣仲老木,王仲信水石,皆庵中所挂"。其《曝旧画》诗云:"故箧开缄一怆情,断缣残幅尚知名。""百年手泽存无几,虫蠹尘侵只涕横。"这些旧画对于陆游而言,是一种情感的交流,非他物所能比。

宣和畫譜

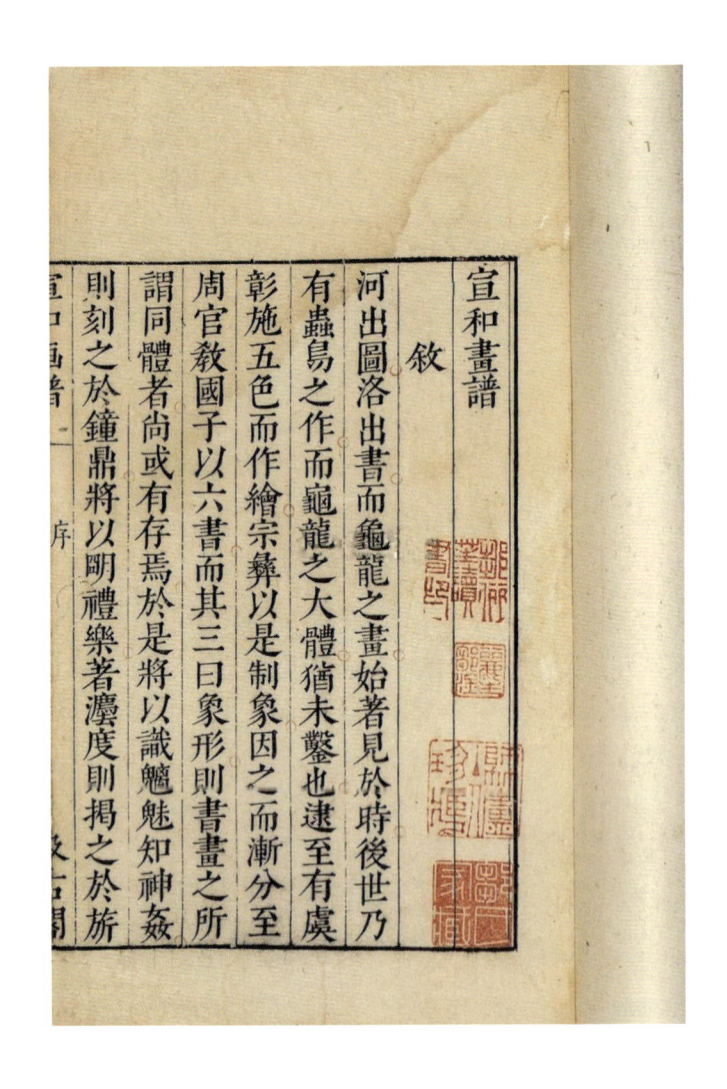

敘

河出圖洛出書而龜龍之畫始著見於時後世乃有蟲鳥之作而龜龍之大體猶未鑿也逮至有虞彰施五色而作繪宗彝以是制象因之而漸分至周官敎國子以六書而其三曰象形則書畫之所謂同體者尚或有存焉於是將以識魑魅知神姦則刻之於鐘鼎將以明禮樂著灋度則揭之於旂

鉴藏名著何其多

◆ 宋徽宗领导编制《宣和画谱》

两宋的皇帝不仅仅喜欢收藏,还组织编撰了多部书籍加以著录,如北宋太宗时期的《名画断》、南宋宁宗庆元年间(1195—1200)的《秘阁画目》。《思陵书画记》是南宋高宗时期的重要画史著作,高宗的陵寝为永思陵,此书故名。此书原写有详细的书画著录部分,但遗憾的是今天仅遗存其中的关于装褫格式的内容。当年,宋人周密对它做了考订,方得以流传。

徽宗赵佶更是爱画如痴,他召使文臣编撰《宣和睿览集》《宣和画谱》《宣和书谱》《宣和博古图》等一系列著录。据南宋邓椿《画继》卷一《圣艺徽宗皇帝》载:"又取古今名人所画,上自曹弗兴,下至黄居寀,集为一百帙,列十四门,总一千五百件,名之曰《宣和睿览集》。"可惜的是,《宣和睿览集》今已不存。

《宣和画谱》编撰成于宣和三年(1121),在《宣和睿览集》的基础上扩编,并积极吸取前人相关著述所长,对张彦远《历代名画记》、李嗣真《画后品》、朱景玄《唐朝名画录》、黄休复《益州名画录》、刘道醇《五代名画补遗》、郭若虚《图画见闻志》等均有所引用。《宣和画谱》是一部言之有据的纪传体绘画通史,以重要绘画的收藏作为出发点,忠实记录了当时内府所藏画作的情况。全书二十卷,分"门""叙""传""目",其中门为"十门",

即道释、人物、宫室、番族、龙鱼、山水、畜兽、花鸟、墨竹、蔬果，共收录自魏晋至徽宗朝画家231人的作品多达6396件。

以前有论者认为此书是酷爱书画的皇帝赵佶亲自编撰，因为书里有所谓"宣和殿御制"之称谓，但从全书行文看，许多地方并非帝王口气；也有论者认为是蔡京、米芾所撰。而实际上，由于此书工程浩大，应该是在皇家主持下，集多方面的力量编撰而成，所以其中的文字驾驭水准并不一致，这也是颇为自然的。据宋人蔡絛《铁围山丛谈》记载，"（徽宗）及即大位，于是酷意访求天下法书图画。自崇宁始，命宋乔年掌御前书画所。乔年后罢去，而继以米芾辈，迨至末年，上方所藏，率举千计，实熙朝之盛事也。"说明赵佶先后任用过宋乔年、米芾进行整理和著录御前书画藏品。此书由元明刻本而保留至今。

✦ 米芾与《画史》

宋代精于收藏鉴识的名家著有大量相关的书画鉴识著作，其中著名的如米芾的《画史》、李廌的《德隅斋画品》、董逌的《广川画跋》、张澂的《画录广遗》，以及周密的《志雅堂杂抄》《云烟过眼录》等。此外还有设专章论述绘画的笔记，如沈括《梦溪笔谈》等。这些著作多汇集作者平时观赏作品的题识与评论，虽未精心做系统化整理，但原始资料性较强，这种自由式的体例还对后来的书画鉴识影响很大，形成一类独特的书画鉴识撰写方式。

北宋徽宗崇宁二年（1103），米芾被召入京为太常博士，得观内府书画。崇宁三年六月，又任书画学博士，具有接触皇家所藏书画的优越条件，于是"故叙平生所睹以示子孙，题曰《画史》"。虽名为《画史》，但实际上只是米芾在老年时期所见书画的笔记，体例并不严格。米芾论及同时期人运用鉴识收藏印记方面特点时说："濮州李文定丞相家画三等。上等书名，用名印；中等书字，用字印；

宋代刻本米芾《画史》

下等亦用字印，押字而已。"这类记载对于后人的收藏、鉴识与研究有很大帮助，成为古书画赏鉴家的重要参考资料。

米芾还通过《画史》宣传、推广他的鉴藏观，颇具见地。譬如，他十分赞许徐熙的野逸美，从收藏角度感叹"黄筌画不足收，易摹。徐熙画不可摹"，"凡收画必先收唐希雅、徐熙等雪图"。另外，他认为："鉴阅佛像、故事图，以劝戒为上；其次山水有无穷之趣，尤是烟景为佳；其次竹木水石，其次花草，至于仕女翎毛，贵游戏阅，不入清玩。""大抵牛马人物，一摹便似，山水摹皆不成，山水心匠自得处高也。"由此可见，他推崇佛教画、人物故事画、山水画，轻视仕女画、花鸟画。而在图像艺术实践上，他特别欣赏轻烟淡岚的山水画，这与其"清玩"的评画准则是知行合一的。因此米氏父子独创的"米家山水""米氏云山"别具韵味，和米芾这个特立独行的文人一样，成为宋代的传奇。

✦ 第一部记述私人收藏的著录

周密，济南人，生于南宋理宗绍定五年（1232），卒于元成宗大德二年（1298）。他的诗文笔记著述较多，是当时有影响的重要书画收藏家与鉴识家，写有《志雅堂杂抄》《云烟过眼录》等。

《云烟过眼录》共著录了43家的藏品，还涉及周密在宋朝秘书省所见的部分精品，多为当时藏家收藏中的精品，分别标出作者、画名、收藏印记、题跋及流传经过，并附简明的鉴别论断。这部重要的书画目录经长期整理，到了周密晚年才成书，其中所记最晚的干支为丙申，是作者去世的前两年。

在《云烟过眼录》中，周密还记载了自己入皇家秘阁的所见所闻："乙亥春秘丞王汝济以蓬省司点，邀予偕行。于是具衣冠望拜右文殿，然后游道山堂，堂有坡仙所作竹石，历汗青轩，登浑仪台，观铜浑仪，仪色泽如银如玉，精致特甚，后步玉渠，登秘阁，阁内两旁皆列龛，藏先朝会要及御书画，别有朱漆巨匣五十余，皆古今法书名画也。是日仅阅秋收冬藏内画，皆以鸾鹊绫、象轴为饰，有御题者，则加以金花绫，每书表里皆有尚书省印。关防虽严，往往以伪易真，殊不可晓。其佳者有……余悉常品，亦有甚谬者，通阅一百六十余卷，绝品不满十焉。余想象书之，以为平生清赏之冠。"这一段话的史料价值巨大，其中谈到的一些书画陈设与装裱情况，如道山堂上有苏轼（坡仙）所作竹石画，古今法书名画收藏于五十余个朱漆巨匣中，有御题的书画则加以金花绫等，有助于我们了解宋代皇家秘阁布置、收藏、装裱和保管的状况。

我国的宫廷绘画著录开创于六朝，从《梁太清目》到唐代高士廉等编撰《贞观御府书画谱》，再到宋代《宣和画谱》《秘阁画目》等，形成宫廷绘画收藏著录的传统。就私人收藏著录而言，最早只散见于唐宋笔记与文集中，《云烟过眼录》作为第一部记述私人收藏的著录，同官方修撰的《宣和画谱》《秘阁画目》一同形成了我

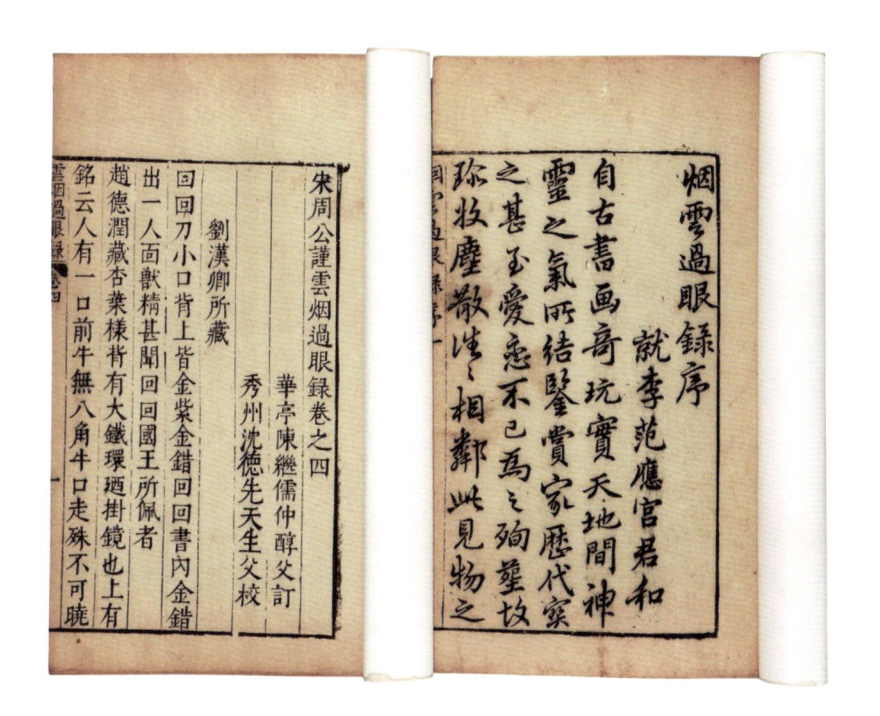

明万历沈氏尚白斋刻本《云烟过眼录》，国内私人藏

国公私绘画类图像著录的典范。书中所载南宋皇室部分收藏均为作者身经目历，内容包括庋藏、保管、装裱情况，并论及宋徽宗、高宗的用印特征，对于研究宋代的绘画收藏、鉴赏、传播，对于书画收藏及考证工作，都具有重要价值。鉴于此，陈继儒将此书收入《尚白斋镌陈眉公订正秘籍》中。

绘画交易市场高度繁荣

◆ **各阶层竞相买画**

宋代手工业与商业高度发达，超越了以往朝代，这一时期的书画交易也空前发达起来。在中国书画史上，虽然艺术作品进入市场早在六朝已见载于史籍，但是真正形成一定规模的却是在宋代。宋代都城汴京相国寺和潘楼酒店一带是当时全国最大的书画文物集市，也是我国历史上第一次出现的书画交易市场。

宋代市场的发展有别于以往的时代的一个重要表现是打破了市（商业区）与坊（居住区）的阻隔。在此之前，包括盛唐，市、坊是分离的，而且每到黄昏，坊门会被紧锁，人们被禁止夜行，所有的商业活动只能白天在市里举行。到了宋代，随着人口的增加，商业活动的频繁，大中城市的不断拓展，市与坊的分离不复存在了，行业相近的店铺相对集中。例如《清明上河图》中即可看到市井街道两侧随处可见各种商铺、当铺、酒店以及饮食店。那时的市场上可以买到来自异国他乡的各式物品，书画自然也成为交易的重要内容之一。政府还为此征税，可见当时的艺术品买卖是蔚然成风的。

除了皇家和文人之外，平民阶层也开始购买书画。酒店、茶肆、药铺的商人，他们用书画装饰店铺，提升档次；普通市民，由于购买力有限只能买一些大众化的作品，与节令相关的风俗画、婴戏、门神、钟馗等题材受到这一阶层的欢迎。

宋人孟元老《东京梦华录》、吴自牧《梦粱录》以及佚名《西湖老人繁胜录》等对北宋汴京以及南宋临安的书画买卖行业与市场均有记载。譬如，据《东京梦华录》记载，北宋汴京大相国寺集宗教、娱乐、休闲、买卖于一体，"大殿两廊，皆国朝名公笔迹"，是绘画名家进行艺术展示的舞台，传播力度相当强；每月举行五次"万姓交易"的庙会，销售古玩器物、图书字画、文房用具，摊位众多、规模盛大。到了万民同乐的元宵佳节，"灯山上彩，金碧相射，锦绣交辉，西北悉以彩结，山上皆画神仙故事"，宣德楼前的各种铺子中"卖时行纸画"。

南宋吴自牧《梦粱录》卷十三中反映了南宋市面上销售商品画的热闹景象。杂卖铺里以每卷"一金"的定价销售《清明上河图》，售卖"梅竹扇面儿"和"销金衣裙，描画领抹，极其工巧"的服饰画；街上有画家设棚为过往的行人画像；每逢节日，临安郊外还会悬挂巨幅彩色"堂画"，请民间画工的高手描绘古代圣贤或民间传说。《梦粱录》卷十九《闲人》一则中记载的"食客"们具备不同特长，如"讲古论今、吟诗和曲、围棋抚琴、投壶打马、撇竹写兰"，其中能够"撇竹写兰"的当是流落市井的画家，他们以绘制高雅的兰竹艺术来迎合当时的市井闲人，解决自己的温饱。可知绘画的附庸风雅，早在宋代已蔚然成风。

✦ 拍卖行与中介人

宋代书画作品的买卖形式多种多样，直接向画家订购、店铺交易、集市贸易、当铺交易等等，均从不同层次促进了宋代图像文化的传播与发展。

权贵富裕阶层还将眼光投到文化消费投资层面，出手颇为阔绰。米芾《画史》中记载过当时一幅唐人画的《散牧图》居然被卖到400贯的高价，刘道醇《圣朝名画评》中记载了一位叫刘元嗣的富商为得到《十六罗汉图》而不惜花费"白金四百两"的事情。

宋式艺术生活

北宋许道宁《云关雪栈图》，绢本设色，纵25.2、横26.5厘米，北京故宫博物院藏

当时甚至还出现了书画拍卖的中介机构。据北宋郭若虚《图画见闻志》卷六记载："张侍郎（去华）典成都时，尚存孟氏有国日屏扆图障，皆黄筌辈画。一日，清河患其暗旧破损，悉令换易。遂命画工别为新制，以其换下屏面，迨公帑有旧图，呼牙侩高评其值以自售，一日之内，获黄筌等图十余面。"这里说的"牙侩"就是书画买卖的中间人，其"高评其值以自售"的行为类于今天的拍卖。

✦ 画家的明星效应

宋代的书画市场竞争激烈，一些画家为了谋生，只能顺应市场，题材、画风、画法以及师承对象均成为画家们效法和选择的重要内容。宋代风俗画很热门，张择端《清明上河图》是其中的典型代表，北宋画家燕文贵曾专门创作了表现东京汴梁风俗的《七夕夜市图》，受到市场青睐。

许道宁是长安（今陕西西安）人，活跃于北宋早中期，多写林木、野水、秋江、雪景、寒林、渔浦，点缀行旅、野渡、捕鱼，所画行笔简快，峰峦峭拔、林木劲硬。他出身贫寒，一度以贩卖药材为生，为招揽生意，常把自己的画赠给买药的顾客；后得到宰相张齐贤、政治家张士逊等名流的赏识，声名鹊起，画价倍增，在郭熙尚未成名之前，许道宁独领一时风骚。出身于书画世家的屈用诚是著名画家屈鼎的后人，他看到市面上盛行许道宁的画风，就毅然决定放弃家传画风而改学许道宁，因为这种画法可"速售""疗饥寒"。今天看来，不知这是许道宁之幸，还是屈氏后人之无奈。

✦ 收藏热引发作伪热

某种艺术作品（特别是重要人物的作品）大受欢迎的时候，也会带来相关的复制热，乃至作伪热。京师人刘宗道擅画"照盆孩儿"，画艺精湛，画中的孩子"以水指影，影亦相指，形影自分"，特别讨喜，颇受市场欢迎，但屡被他人作伪仿制。为杜绝这一现象，刘宗道每次创作新画时，同时复制数百幅一起销售，为的就是防止他人进行仿画假冒。

宋代竟然出现全方面的作伪流程，有专人摹画，专人伪造印盖与落款，专人负责销路。邓椿还在《杂说·论近》记载了当时有位善于鉴识古画的外宅宗室，外号"便宜三"，为了获得厚利，常用诡计以临摹的复制品骗取一些王公贵人的名画真本，而且屡试不爽。

书画作伪手段中还有一种是将小名家作品改成大名家作品，米芾在《画史》中提到，他曾购得一幅山水画，画中松树上落款为"蜀人李升"四字，他将此画卖给了一位姓刘的收藏家，刘后来竟然将原款刮去，改题"李思训"（唐代大画家），转卖给他人，从中获利。

有一次，米芾发现宋初画家李成的伪作多至三百本，以至于他慨叹"无李论"。他还讽刺了当时严重的傍名人现象，"今人以无名命为有名，不可胜数。故谚云：牛即戴嵩，马即韩幹，鹤即杜荀（杜荀鹤），象即章得也。"这些可以看出，宋代社会的世俗需求已开始有力地左右着审美的趋向和艺术市场竞争的走向。

古代图像的复制并不完全是为了作伪获利，也有不少是为了保留古代书画作品的原貌而制作摹本（也称为副本）。宋人对于名画的真本与摹本，往往在跋语中并不做区分，甚至明知是摹本，但在题跋时也和题真迹一样地给予赞扬。后人见到这样的题跋时，要学会分辨。其实题跋者也并非有心骗人，也不全是看不出摹本、真本之别，因为当时的鉴藏习惯就是如此。譬如，北宋徽宗崇宁二年（1103），毕文简公的后人要复制家藏的唐代名画《邢和璞悟房次律图》为别本，就去请当时已经较为出名的李唐临摹，李唐顺利完成了这一工作。北宋人摹唐阎立本《步辇图》，画上有北宋人的题跋，但都未提到摹本二字。米芾也曾临摹过大量古代绘画，《宋史》列传第二百二《文苑五》称其"尤工临移，至乱真不可辨"。

欣欣向荣的印刷业

✦ 雕版印刷术广泛应用

宋代的造纸业发达，以之为基础，这一时期的印刷业也欣欣向荣，共同推动了书籍事业、图像传播以及文化教育的发展。南宋的印刷业比北宋更有进展，两浙、福建、江西、四川等区域成为印刷业的发达地区，除了杭州以外，苏州、饶州、抚州、婺州、建州、成都等地均为雕版业、刻书业的中心。南宋雕版书的成就斐然，无论是数量，还是质量，后来的明、清两朝均难以望其项背。

这一时期雕版印刷术的工艺流程是：先写好书稿或画好画稿；选取纹质细密坚实的木材，按要求锯成规定大小的木板，刨平；在木板上将要印刷的文字或图像雕刻成反向的阳文；以之为底版，再在其上刷墨、上色；最后用纸张印刷。印和印刷之间是有区别的，若仅是捺印在纸上的，只能叫印，木版印刷是通过马连一类的印刷工具摩擦纸的背面，让木版上的图形即印到纸上，这才形成"刷"。尽管雕版印刷费时费工，但因印刷品清晰，故一直被沿用到清末，乃至今日。除木版外，也有用铜版、石版印刷的。

✦ 传入寻常百姓家

以雕版印刷复制图书，体现许多便利之处，如信息容量的规模

南宋宁宗庆元年间黄州刊本《东坡先生集》，台北故宫博物院藏

化、收藏传播的长期化、适应需求的多元化，而且量大质高、价廉物美、传播迅速，从而能够普及教育、造就人才、促进学术发展，远非昔日的写本所能达到。它们的广泛传播扩大了文人在社会的影响力，提高了作品的声誉与地位，造成了士林间的相互传阅与期待。以东坡诗文为例，北宋元祐年间，因触忌犯讳，引发执政者下诏禁止，然而"禁愈严而传愈多"，"禁愈急，其文愈贵"，到了南宋时甚至于家家均有"眉山书"。从雕版印刷术这一角度，可以为后人研究宋代文化昌盛提供重要启示。

印刷业的繁荣促进了人们对于读书的进一步热爱，推动了学术的积极发展；同时，由于雕版印刷可以批量制作，成本相对低廉，一般的百姓也有可能拥有雕版印刷的图书，诵读优秀的古代经典与诗文。这是之前的朝代做不到的，雕版印刷与文化普及相辅相成。

292

《宣和博古图》

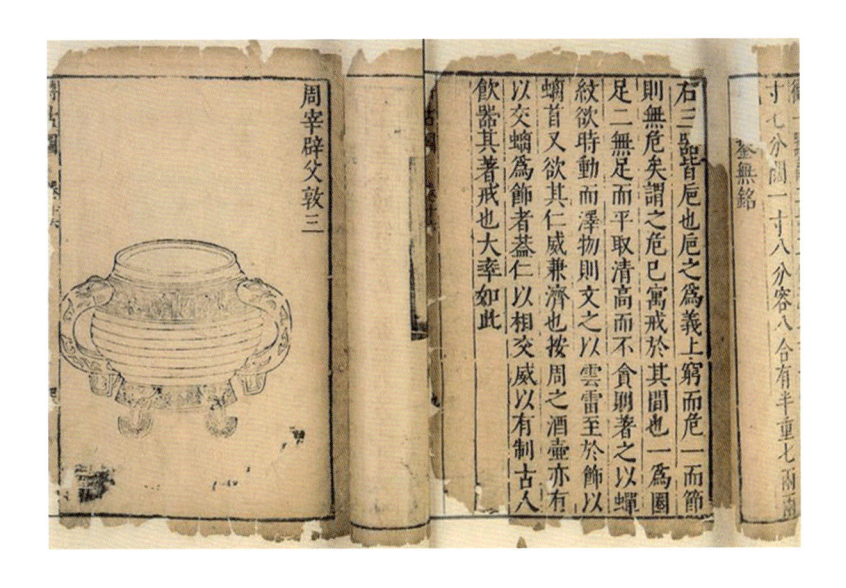

✦ 图文并茂的美术类雕版

宋代雕版印刷的一大特色在于图像的大量盛行，且图文并茂。以图像为例，宋徽宗朝编辑的《宣和博古图》等图谱与《宣和书谱》《宣和画谱》等书画著录均是通过雕版印刷这一重要物质媒介得以出版而流传后世的。通过出版、传播，宋代院画的许多相关信息也得到了大规模的普及。

北宋大观元年（1107），由朝廷主持、王黼等奉敕编撰刊刻的《宣和博古图》出版，其中的附图多达926幅。如无大量工程绘图人员以及优秀的刻工、印工，要绘制、刊刻、出版如此多精细的器物图像是不可能的。

到了南宋，雕版印刷已形成规模与产业，临安开有很多书铺，据吴自牧《梦粱录》记载，陈道人书籍铺是其中著名的一家。陈道人原名陈起，对美术书籍情有独钟，不仅刻书卖书，还能吟诗作赋，有《芸居吟稿》行世。凡经该铺刊刻、出版的书籍，其中往往标示"临安府陈道人书籍铺刊行"。南宋邓椿《画继》刻本也在其序言中标明这一点。从明代嘉靖年间翻刻的陈道人书籍铺出版的美术书籍品

南宋刊本《纂图互助荀子·欹器之图》

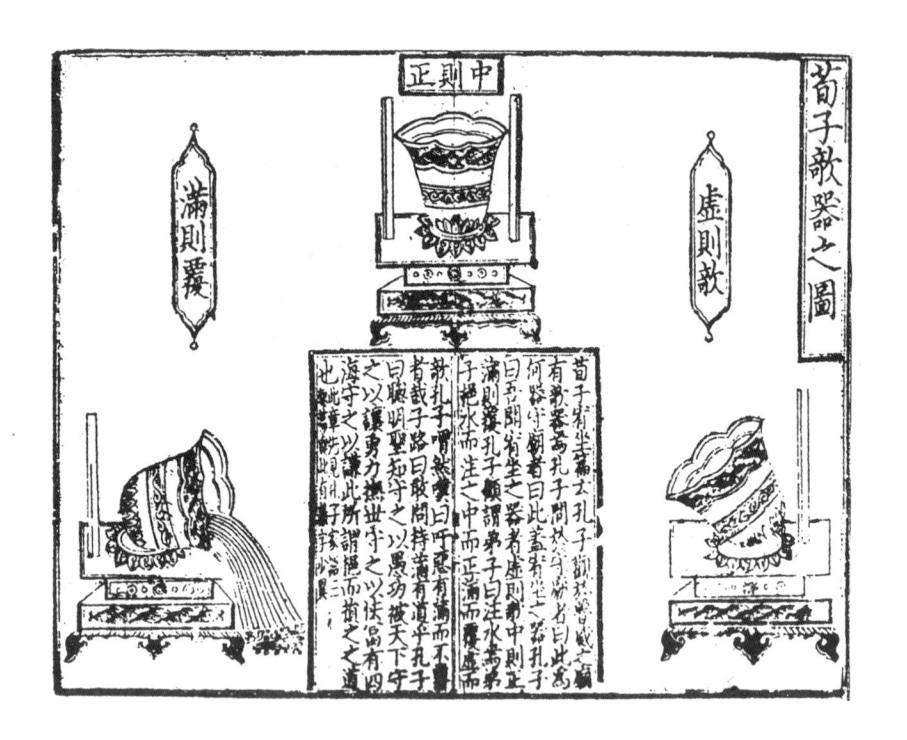

种来看，当时他的书籍铺刊印出版的有南齐谢赫《古画品录》一卷，陈姚最《续画品》一卷，五代荆浩《笔法记》一卷，唐李嗣真《续画品录》一卷，唐释彦悰《后画录》一卷，唐裴孝源《贞观公私画史》一卷，唐朱景玄《唐朝名画录》一卷，唐张彦远《历代名画记》十卷，北宋郭若虚《图画见闻志》六卷，北宋米芾《米海岳画史》一卷，北宋道醇《圣朝名画评》三卷、《五代名画补遗》一卷，北宋黄休复《益州名画录》三卷以及南宋邓椿《画继》十卷等。

  宋代雕版印刷的不少图像还有机地配以文字。譬如，金代明昌年间（约1190）刊本《新刊补注铜人腧穴针灸图经（大肠经）》使用中国传统人物画常用的线描方法，结合阴文文字与连接直线，明确地交代出大肠经中曲池穴、合谷穴等重要穴位的位置。南宋刊本《纂图互助荀子·欹器之图》之中，借助于三个生动的形象（须弥座上所陈设的盛水器皿的倾倒、偏斜、中正）及其附属文字，表达出儒家思想中欹器所象征的"满则覆、虚则欹、中则正"的辩证观念。这些均进一步传达了图像与文字中所包含的重要信息，使得读者易于识别。

294

金代明昌年间（约1190年）刊本《新刊补注铜人腧穴针灸图经（大肠经）》

北宋济南刘氏钢针店铺《白兔捣药图》铜版拓片

另外，北宋还产生了一种用于广告的铜版印刷图像。当时的济南有家颇负盛名的刘氏钢针店铺，该店铺生产的钢针质优价廉，店主为了使生意更为红火，特地设计了一种方形铜版，中间偏上的位置刻画了一只兔子高举着杵正在捣药；两侧书有"济南刘家针铺"的店名，以及宣传语"认门前白兔儿为记""收买上等钢条，造功夫细针，不误宅院使用；客转与贩，别有加饶，请记白"。这既是世界上最早的商标，也是最早的用于印刷图像的铜版。另外，当时的万种堂药铺也制作了广告铜版，上面刻有病人痛苦时的神态与表情，另刻有仙鹿与灵芝，以示药到病除。

传播是文化普及的前提，文化兴盛又是传播的结果。在社会传播这个场域，读者是图像的观众，他们像其他观众一样，具有自己的知识体系与观看方式。因此，宋代的雕版图像作者与读者、社会建立了一套较为完整的图像出版、传播体系，建构了雕版印刷的内容、形式与环节的基本规范与流程，并且影响了后世的各类图像，影响了它们的传播程式，构成了具有中国特色的图像文化传播特征。

图书在版编目（CIP）数据

宋式艺术生活／邵晓峰著 .-- 上海：上海文艺出版社，2023
ISBN 978-7-5321-8751-5

Ⅰ.①宋… Ⅱ.①邵… Ⅲ.①艺术史—中国—宋代—通俗读物
Ⅳ.① J120.92-49

中国国家版本馆 CIP 数据核字 (2023) 第 115401 号

发 行 人：毕　胜
策 划 人：杨　婷
责任编辑：杨　婷　程方洁
整体设计：上海袁银昌平面设计工作室　李　静　胡　斌

书　　名：宋式艺术生活
作　　者：邵晓峰
出　　版：上海世纪出版集团　上海文艺出版社
地　　址：上海市闵行区号景路 159 弄 A 座 2 楼 201101
发　　行：上海文艺出版社发行中心
　　　　　上海市闵行区号景路 159 弄 A 座 2 楼 206 室 201101 www.ewen.co
印　　刷：上海雅昌艺术印刷有限公司
开　　本：787*1092　1/16
印　　张：18.75
印　　次：2023 年 9 月第 1 版 2023 年 9 月第 1 次印刷
ＩＳＢＮ：978-7-5321-8751-5/G.384
定　　价：98.00 元

告 读 者：如发现本书有质量问题请与印刷厂质量科联系 T：021-68798999